C.H.BECK WISSEN

in der Beck'schen Reihe

Spätestens seit den Hartz-Reformen und der Agenda 2010 steht der deutsche Sozialstaat im Mittelpunkt hitziger Debatten. Seine ökonomische und politische Bedeutung ist kaum zu überschätzen. Knapp ein Drittel des deutschen Bruttoinlandsprodukts wird in ihm umgesetzt. Rund 40 Prozent aller Wahlberechtigten bestreiten ihren Lebensunterhalt hauptsächlich aus Sozialleistungen. Manfred G. Schmidt beschreibt und erklärt die Geschichte des deutschen Sozialstaats von seinen Anfängen im Deutschen Reich von 1871 über die Weimarer Republik, den NS-Staat und die DDR bis zur Bundesrepublik Deutschland der Gegenwart. Dabei zieht er immer wieder den Vergleich mit den Entwicklungen in anderen Ländern, analysiert die Herausforderungen von Globalisierung und Europäisierung und untersucht sowohl die politischen, gesellschaftlichen und ökonomischen Wirkungen des Sozialstaats als auch die Reformbemühungen der letzten Jahre.

Manfred G. Schmidt ist Professor für Politische Wissenschaft an der Ruprecht-Karls-Universität Heidelberg. Bei C.H.Beck sind von ihm erschienen: *Das politische System Deutschlands* (2. Aufl. 2011), *Das politische System der Bundesrepublik Deutschland* (2. Aufl. 2008).

Manfred G. Schmidt

DER DEUTSCHE SOZIALSTAAT

Geschichte und Gegenwart

Verlag C.H.Beck

Originalausgabe

Satz: Fotosatz Amann, Aichstetten
Druck und Bindung: Druckerei C.H.Beck, Nördlingen
Umschlagentwurf: Uwe Göbel, München
Printed in Germany
ISBN 978 3 406 64061 2

www.beck.de

Inhaltsverzeichnis

I. Einführung

Dieses Buch handelt von einer Einrichtung, die im In- und Ausland von vielen bewundert wird: dem deutschen Sozialstaat. «Sozialstaat» meint eine weit ausgebaute Sozialpolitik für alle Staatsbürger oder zumindest einen Großteil von ihnen. Der «Sozialstaat» ist der Gegenpol zum «Nachtwächterstaat» und zum liberalen «Marktstaat». Er ist der Staat der Sozialintervention, der Rückwirkung des politischen Überbaus auf die gesellschaftliche Basis. Mit der Sozialpolitik übernimmt dieser Staat «Verantwortung für die Befindlichkeit der Gesellschaft»[1]. Seinen Zielen nach zu urteilen, soll er dabei vor allem materielle Verelendung verhindern, besser gegen die Wechselfälle des Lebens wie Alter, Krankheit oder Invalidität sichern, krasse soziale Ungleichheit eindämmen, den Wohlstand und seine Ausbreitung fördern und für sozialen Ausgleich in der Gesellschaft und in der Arbeitswelt sorgen.

Den Sozialstaat lässt sich der Gesetzgeber in Deutschland einiges kosten. Mehr als 760 Milliarden Euro waren es laut Sozialbudgetstatistik des Bundesministeriums für Arbeit und Soziales allein im Jahr 2010. Dieser Betrag entspricht fast einem Drittel des Wertes aller in diesem Jahr in Deutschland hergestellten Güter und Dienstleistungen. Und er repräsentiert weit mehr als die Hälfte aller Ausgaben von Bund, Ländern, Gemeinden und Sozialversicherungen. Von der großen Bedeutung des Sozialstaats zeugt eine weitere Zahl: Rund 40 Prozent der Wahlberechtigten in Deutschland finanzieren ihren Lebensunterhalt mittlerweile überwiegend aus Sozialleistungen. Die meisten von ihnen sind Altersrentner, andere erhalten Leistungen der Kranken- oder Arbeitslosenversicherung oder – wie knapp 10 Prozent der Wohnbevölkerung in Deutschland – Geldleistungen aus einem der Mindestsicherungssysteme wie Sozialhilfe, Sozialgeld oder Arbeitslosengeld II oder aus anderen Sozialprogrammen (siehe Kapitel 3).

Deutschland ist ein Pionier der Sozialgesetzgebung. Früher als in anderen Ländern, im letzten Viertel des 19. Jahrhunderts, wurden im Deutschen Reich von 1871 die Weichen für eine reichsweite Sozialpolitik gestellt. Besonders weit ausgebaut wurde die Sozialpolitik aber erst in der Bundesrepublik Deutschland. In ihr entstand ein Sozialstaat, der weltweit zu den stärksten und teuersten seiner Art zählt. Von seiner Geschichte und Gegenwart handelt das vorliegende Buch. Es erörtert den Werdegang und die Strukturen des deutschen Sozialstaats, seine Antriebskräfte und seine Auswirkungen auf Politik, Gesellschaft und Wirtschaft. Zudem untersucht es die Position, die Deutschlands Sozialstaat im internationalen Vergleich einnimmt, und geht seinem Schicksal in einem Zeitalter der Europäisierung und Globalisierung nach.

Das Buch ist in acht Kapitel gegliedert. Das erste ist die vorliegende Einführung. Das zweite Kapitel umreißt die Geschichte der Sozialpolitik in Deutschland von 1883, dem Geburtsjahr der Sozialgesetzgebung im Deutschen Reich von 1871, über die Weimarer Republik und den Staat des Nationalsozialismus bis zu den Jahren der Besatzung von 1945 bis 1949.

Vom Auf- und Ausbau des Sozialstaats in der 1949 gegründeten Bundesrepublik Deutschland handelt das dritte Kapitel. Es erörtert zudem seine Antriebskräfte. Zu ihnen gehört eine auch international ungewöhnlich sozialstaatsfreundliche Parteienlandschaft: In ihr konkurrieren gleich zwei große Sozialstaatsparteien, die CDU/CSU und die SPD. Mit der Wiedervereinigung kam eine radikal-wohlfahrtsstaatliche Partei hinzu, die PDS – heutzutage Die Linke.

Das vierte Kapitel blickt auf die Sozialpolitik der Deutschen Demokratischen Republik, der DDR, zurück. Dort kam es zum Aufstieg und Niedergang eines Sozialstaats eigener Prägung: des Staates der «sozialistischen Sozialpolitik». An ihm kann man lernen, dass die DDR-Sozialpolitik mehr als nur eine Fußnote der deutschen Wirtschafts- und Sozialgeschichte ist. Sie ist vielmehr ein Exempel für Wege und Irrwege eines sozialistischen Wohlfahrtsstaates, der sich in einen systemimmanent nicht mehr lösbaren Zielkonflikt mit der wirtschaftlichen Leistungskraft verstrickte.

Ein Perspektivenwechsel kennzeichnet die drei folgenden Kapitel. Sie porträtieren den deutschen Sozialstaat aus dem Blickwinkel des internationalen Vergleichs. Von den Besonderheiten des deutschen Sozialstaats im Vergleich zu anderen Ländern handelt das fünfte Kapitel; von den Rückwirkungen der Europäischen Union und der Globalisierung auf die Sozialpolitik das sechste. Das siebte Kapitel erörtert Sozialstaatsreformen in wirtschafts- und finanzpolitisch schwierigen Zeiten. Die Parteienlandschaft in Deutschland erschwert sozialstaatliche Kurskorrekturen und Umbau- oder gar Rückbaumaßnahmen. Dennoch wurden solche Reformen realisiert – oft allerdings mit beträchtlichen politischen Erschütterungen, was CDU/CSU-geführten Regierungen ebenso widerfuhr wie SPD-geführten Koalitionen.

Die Wirkungen von Deutschlands Sozialstaat auf Politik, Gesellschaft und Wirtschaft sind Gegenstand des achten und letzten Kapitels. Es zeigt, dass der Sozialstaat nicht nur eine «Erfolgsgeschichte», nicht nur ein «Produktivfaktor» und nicht nur ein zuverlässiger Problemlöser ist, wie seine Fürsprecher sagen. Er kennt auch Misserfolge, kann unproduktiv sein und ist nicht nur ein Problemlöser, sondern auch ein Problemerzeuger.

Bei der Anfertigung des Manuskriptes für dieses Buch wurde mir Hilfe zuteil. Dr. Sebastian Ullrich vom Verlag C.H.Beck danke ich für die vorzügliche Betreuung des Werkes. Für kompetente Unterstützung bei Recherchen, Schreibarbeiten und beim Korrekturlesen gilt mein Dank Ingeborg Zimmermann und Falk Bartscherer. Ich danke auch der Fakultät für Wirtschafts- und Sozialwissenschaften und dem Rektorat der Universität Heidelberg, die mir durch Gewährung eines Forschungssemesters im Winter 2011/2012 die für die Anfertigung des Buchmanuskriptes erforderliche Zeit verschafften.

Der Redaktionsschluss des Buches war Anfang Mai 2012.

Heidelberg, im Mai 2012

II. Sozialpolitik in Deutschland von den Anfängen bis 1949

Das Deutsche Reich von 1871 ist der Pionier der gesamtstaatlichen Sozialgesetzgebung. Den Weg dorthin wies die kaiserliche Botschaft an den Reichstag vom 17. November 1881. Mit ihr kündigte Wilhelm I. Gesetzesinitiativen zur Unfall- und zur Krankenversicherung sowie zur staatlichen Fürsorge bei alters- oder invaliditätsbedingter Erwerbsunfähigkeit an. Der Plan einer reichsweiten Sozialgesetzgebung fußte auf der Überlegung, «dass die Heilung der sozialen Schäden nicht ausschließlich im Wege der Repression sozialdemokratischer Ausschreitungen, sondern gleichmäßig auf dem der positiven Förderung des Wohles der Arbeiter zu suchen sein werde»[1].

Das Deutsche Reich von 1871 als Pionier der Sozialgesetzgebung

Den Auftakt zur Sozialgesetzgebung gab die Einführung der Krankenversicherung im Jahre 1883. 1884 folgte das Unfallversicherungsgesetz, und 1889 beschloss der Reichstag die Einführung der Alters- und Invalidenversicherung mit Wirkung ab 1891. Die Reichsleitung mit Reichskanzler Bismarck an der Spitze hatte sich mit dem Reichstag nach langem Tauziehen darauf geeinigt, die Sozialpolitik am Prinzip der Sozialversicherung auszurichten. Sozialversicherungen sind kollektive Pflichtversicherungen, die hauptsächlich aus Beiträgen der versicherten Arbeitnehmer und ihrer Arbeitgeber finanziert werden, nicht aus Steuern, wie es der Reichsleitung vorschwebte. Doch für Steuerfinanzierung gab es im Reichstag keine Mehrheit. Sie würde zu viel Zentralismus zur Folge haben und dem Reichskanzler zu viel Macht geben. Bei der Unfallversicherung beschloss der Reichstag sogar, sie allein aus Unternehmerbeiträgen zu finanzieren und auf einen Reichszuschuss, von dem Bismarcks Gegner ebenfalls eine zu zentralistische Lösung befürchteten, zu verzichten.

Die Sozialversicherungen erfassten zunächst hauptsächlich die Arbeiter des gewerblichen Sektors der Wirtschaft. Später wurden sie auf andere Arbeitnehmergruppen ausgedehnt, ab 1913 auch – mit privilegierenden Versicherungsbedingungen – auf die Angestellten.

Die Sozialversicherungen stehen für einen Mittelweg zwischen staatszentrierter und marktliberaler Sozialpolitik. Der Rechtsform nach sind die Sozialversicherungen Körperschaften des öffentlichen Rechts mit Selbstverwaltungsbefugnis. Verwaltungspolitisch handelt es sich um Einrichtungen der mittelbaren Staatsverwaltung. Denen überträgt der Staat öffentliche Aufgaben – im Rahmen gesetzlicher Vorgaben und staatlicher Aufsicht. Die Finanzierung ist größtenteils Sache der Versicherten. Nicht weniges von dieser Konstruktion widersprach Bismarcks ursprünglichen Plänen. Gewiss: Mit der Pflichtversicherung, dem Staatsanteil und der Staatsaufsicht hatte er sich durchgesetzt. Seine Präferenz war aber letztlich «ein Staatsrenten- oder -leistungssystem»[2] mit möglichst weitgehender Finanzierung durch das Reich. Hiervon erhoffte sich Bismarck ein Höchstmaß an politisch nützlicher «Demonstration staatlicher Fürsorge»[3]. Die Reichstagsmehrheit aber folgte Bismarck nur bedingt: Sie war insbesondere «gegen zuviel Staat – bei der Organisation wie bei den Finanzen»[4] und verhinderte somit auch die Entstehung einer hauptsächlich vom Reich finanzierten Klasse von Staatsrentnern.

Die gesamtstaatliche Sozialgesetzgebung wurde in Deutschland früher als in anderen Ländern und auf einem niedrigeren Stand wirtschaftlicher Entwicklung eingeführt als etwa in England, den Niederlanden oder den USA. Obendrein wurde der Einstieg in die Sozialgesetzgebung in Deutschland von einem politischen Regime vollzogen, in dem das obrigkeitsstaatliche, autokratische Moment das demokratische überwog. Es waren konservative, auf Stabilisierung der Monarchie bedachte Ministerialbeamte und Politiker, nicht Revolutionäre, die eine Politik der sozialen Sicherung für die vielen einleiteten – nicht nur für wenige, wie bis dahin die Sozialpolitik beispielsweise für Beamte, Soldaten, Bergleute oder die Armenfürsorge.

Warum wurde das Deutsche Reich von 1871 zum Pionier der Sozialgesetzgebung? Der Schlüssel zur Erklärung liegt im Streben nach «Daseinsvorsorge und Gefahrenabwehr»[5]. Diese sollten Dämme gegen gesellschaftliche Folgeprobleme der Industrialisierung und Urbanisierung errichten und einer Gefährdung der politischen und gesellschaftlichen Herrschaftsordnung im Lande entgegenwirken. Der Handlungsbedarf war groß: Der Wandel von der Agrar- zur Industriegesellschaft und die Verstädterung hatten nicht nur die Schutzschirme der älteren Fürsorge auf gemeindlicher, kirchlicher und familiärer Basis überlastet. Industrialisierung und Verstädterung hatten auch eine Arbeiterbewegung hervorgebracht, die sich von der liberalen Demokratie trennte und alsbald in Fundamentalopposition zu Staat und Gesellschaft des Kaiserreichs stand. Die frühe Herausbildung einer sozialistischen Arbeiterpartei, die sich 1890 den Namen Sozialdemokratische Partei Deutschlands (SPD) gab, unterschied Deutschland von anderen sich industrialisierenden Ländern. Auch das bestärkte die im Kaiserreich herrschenden Kreise in ihrer Revolutionsfurcht. Als Heilmittel sollte allerdings nicht nur die Sozialreform dienen, die noch Lorenz von Stein den Monarchien als Mittel zur Revolutionsverhinderung empfohlen hatte.[6] Das Heilmittel sah die Reichsleitung, allen voran Reichskanzler Bismarck, in einer Doppelstrategie. Sie sollte Reform und Repression umfassen – «Zuckerbrot und Peitsche», wie es später hieß. Die «Peitsche» war die Repression, die polizeiliche Überwachung und Unterdrückung auf der Basis des «Gesetzes wider die gemeingefährlichen Bestrebungen der Sozialdemokratie» vom 21. Oktober 1878, das bis 1890 mehrfach verlängert wurde. Das «Zuckerbrot» sollte die Sozialgesetzgebung sein, das «Komplement für das Sozialistengesetz», so Bismarcks Worte in seiner Reichstagsrede vom 15. März 1884.

Kritiker des Kaiserreiches sahen den Sachverhalt ähnlich, hoben aber das Kalkül der Machtsicherung und der Legitimationsbeschaffung hervor. Letztlich sei es Bismarck «um die Vernichtung der Sozialdemokratie und der Gewerkschaften mit sozialpolitischen Mitteln gegangen»[7], spitzte Volker Berghahn zu. Und die Sozialgesetzgebung sei, so schrieb schon Hans Rosenberg, einer der Wegbereiter der sozialhistorischen Forschung, ein «Kampfmittel im Dienste der Befestigung des aristokratisch-militärisch-bürokratischen Grundcharakters der Hohenzollernmonarchie auf modernisierten Grundlagen»[8] gewesen, das einer «kollektiven Massenbestechung»[9] gleichkam. Doch darin ging die Sozialgesetzgebung des Deutschen Reiches nicht auf. Gewiss sollte sie die Arbeiter in den monarchischen Staat einbinden – «wie Soldaten und Beamte»[10]. Doch damit folgten die Architekten der Sozialpolitik zugleich einer älteren, in Deutschland tief verwurzelten und vom lutherischen Protestantismus bestärkten Herrschaftsphilosophie: Ihr zufolge ist der Herr für den Knecht zuständig – und damit die Obrigkeit für die Wohlfahrt des Landes und die der Untergebenen.

Zu den Motiven der Sozialgesetzgebung gehörte Bismarcks Absicht, die Exekutive des Kaiserreichs zu stärken. Zudem galt es, gesellschaftliche Interessen und ihre Repräsentanten in die Verwaltung der Sozialpolitik einzubinden und mit diesem Korporatismus zugleich das Parlament und die etablierten Parteien zu schwächen. Außerdem wollte die Reichsleitung mit der Sozialgesetzgebung die innere Reichseinheit voranbringen. Die Gegnerschaft zum Liberalismus spielte ebenfalls mit: Die Sozialgesetzgebung stand für eine weitere Abgrenzung von Grundsätzen liberaler Gesellschaftspolitik. Entsprechend barsch fiel auch die liberale Kritik aus. Das Deutsche Reich von 1871 habe, so urteilte einer der intellektuell führenden Köpfe des Liberalismus, einen «autoritären Wohlfahrtsstaat»[11] mit einer sozialen Basis aus «Untertanen» hervorgebracht.

Allerdings war der Weg bis zu einer leistungsfähigen «Daseinsvorsorge» und zur wirkungsvollen «Gefahrenabwehr» durch Sozialpolitik länger und schwieriger als geplant. Nur ein Teil der erhofften Früchte wuchs mit den Sozialgesetzen heran, und auch das nur zögerlich. Noch reichten die Sozialleistungen nur als Zubrot. Niemand konnte von ihnen allein leben. Beispielsweise sah die Alterssicherung bei Erreichen der Altersgrenze von

70 Jahren und 30 Beitragsjahren die Auszahlung einer bescheidenen Rente vor. Diese entsprach etwa einem Sechstel bis einem Fünftel des durchschnittlichen Verdienstes eines Arbeitnehmers in Industrie, Handel oder Verkehr. Sie wurden als Aufbesserung des Arbeitseinkommens verstanden. Auch die Invalidenversicherung bot keinen wesentlich größeren Schutz. Noch trug die Sozialpolitik nur in bescheidenem Maß zur Legitimierung der Herrschaftsordnung bei – zumal die Sozialdemokratische Partei Distanz zur Sozialpolitik des Reiches hielt, weil man in ihr ein Mittel sah, das die Lebenszeit von Kapitalismus und Monarchie womöglich ungebührlich verlängerte und das obendrein finanziell für die Versicherten kostspielig war. Zudem erwies sich, zumindest in den 1880er Jahren, ein anderer Mechanismus als zugkräftiger als die Sozialpolitik des Reiches: «die anonyme Sozialpolitik des Marktmechanismus»[12]. Damit war die beträchtlich wachsende Realkaufkraft der durchschnittlichen Bruttoeinkommen vollbeschäftigter Lohnarbeiter seit dem Ende der 1870er Jahre gemeint. Dieser Zuwachs war vielen wichtiger als die bescheidenen Leistungen der neuen Sozialversicherungen.

Gänzlich fehlgeschlagen war der Plan, mit der Sozialpolitik die Sozialdemokratie zu schwächen. Denn trotz Sozialreform und Repression ging diese gestärkt aus den Reichstagswahlen hervor: Ihr Stimmenanteil lag 1884 bei 9,7 Prozent, 1893 aber schon bei 23,3 und 1912 gar bei 34,8 Prozent.

Auch das Ziel, die Arbeiter in die Monarchie einzubinden, war kurz- und mittelfristig nicht erreicht worden, wenngleich die Sozialpolitik auf lange Sicht doch ein Stück stillschweigender Integration des Proletariats in die Gesellschaft bewirkte. Letzteres hängt auch mit der inneren Dynamik der Sozialpolitik zusammen. Infolge der wirtschaftlichen Entwicklung des Deutschen Reiches wurde das Heer der Arbeitnehmer größer und größer. Mit ihm wuchsen auch die Mitgliederzahlen der Sozialversicherungen – ohne weiteres Zutun des Gesetzgebers. Hinzu kamen vom Reichstag beschlossene Erweiterungen des Versichertenkreises, Leistungsverbesserungen und die Einrichtung neuer Sozialprogramme wie die Hinterbliebenenversicherung, die 1911 die

Alters- und Invalidenversicherung ergänzte. Ebenfalls 1911 beschloss der Reichstag eine eigenständige, mit besseren Leistungen versehene Rentenversicherung für Angestellte, die 1913 in Kraft trat. Die Angestellten sollten aus der Masse der Arbeitnehmerschaft angesichts ihres Sonderstatus als «Privatbeamte» und wegen ihrer Distanz zur Sozialdemokratie auch sozialpolitisch hervorgehoben werden. Erwähnenswert sind schließlich – nach Bismarcks Demission und unter der Regentschaft von Kaiser Wilhelm II. – erste Fortschritte im lange vernachlässigten Arbeitsschutz.

Eine weitere Ausdehnung der Sozialpolitik brachte der Erste Weltkrieg. Die «militärische Sozialpolitik»[13] zwischen 1916 und 1918 sollte Hilfen für die notgeplagte Bevölkerung bereitstellen, die Arbeitskräfte zu einem Höchstmaß an Leistung anspornen und den Erfordernissen des gemeinwirtschaftlichen «Kriegssozialismus» der Rüstungs- und Rohstoffämter Genüge tun. Zu ihren Instrumenten gehörten die faktische Anerkennung der Gewerkschaften als rechtmäßige Vertretung der Arbeitnehmer, der Koalitionsfreiheit und des Tarifvertrags als zentrales lohnpolitisches Instrument. Hinzu kamen Maßnahmen zur Erwerbslosenunterstützung und zum Arbeitsschutz, sodann ein erweiterter Mutter- und Mieterschutz, ferner die Bewirtschaftung des Wohnraums. In allen Fällen handelte es sich um «alte Forderungen der Arbeiterbewegung, die nun mit kräftiger Förderung durch das Militär verwirklicht oder wenigstens im Ansatz aufgegriffen» wurden.[14]

Mit dem frühen Einstieg in die Sozialgesetzgebung und dem weiteren Ausbau der Sozialpolitik ragte das Deutsche Reich von 1871 auch international hervor. 1915 wurden 57 Prozent der Erwerbspersonen in der Alters- und Invalidenversicherung geführt, weit mehr als in jedem anderen westlichen Land zu diesem Zeitpunkt. Ferner gehörten 43 Prozent der Erwerbspersonen einer gesetzlichen Krankenversicherung an. Hiermit bildete das Deutsche Reich, mit Dänemark und Großbritannien, die Spitze unter den Industrieländern. Und 71 Prozent der Erwerbspersonen waren Mitglieder der Unfallversicherung – um nur einige Beispiele zu nennen.[15]

Auch die Sozialausgaben zeugten vom Ausbau der Sozialpolitik. Kurz vor dem Ersten Weltkrieg entfielen auf sie 4,9 Prozent des Volkseinkommens und 26,8 Prozent der öffentlichen Ausgaben. Dem Zentralstaat allerdings war in der Finanzierung der Sozialpolitik nach wie vor nur eine Statistenrolle zugedacht. Aus dem ursprünglich geplanten «Staatssozialismus» des Reiches, der eine Versorgungsklasse von Staatsrentnern aus Arbeiterkreisen hervorbringen sollte, war wenig geworden. Zudem waren die Lücken der Sozialgesetzgebung des Deutschen Reiches nicht zu übersehen: Der Arbeitsschutz war schwach, das Arbeitsrecht rudimentär, und es fehlte eine kollektive obligatorische Arbeitslosenversicherung. In diesem Zweig der Sozialpolitik spielte nicht Deutschland die erste Geige, sondern Großbritannien: Die britische Arbeitslosenversicherung wurde 1911 eingeführt, die deutsche erst 1927.

Überdies ist die Kehrseite der «militärischen Sozialpolitik» zu bedenken. Der Erste Weltkrieg verschlechterte die Lebensverhältnisse in Deutschland drastisch. Zeugnis davon geben selbst dürre Zahlen der Wirtschaftsstatistik: Deutschlands preisbereinigtes Pro-Kopf-Sozialprodukt schrumpfte zwischen 1913 und 1918 um 18,3 Prozent.[16] Damit war der mühsam erworbene Wohlstandszuwachs der zwei vorangehenden Jahrzehnte verspielt.

Sozialpolitik in der Weimarer Republik: Ausbau, Stillstand und Rückbau

Nach der Gründung der Weimarer Republik im Jahr 1919 schien viel dafür zu sprechen, dass die Sozialpolitik rasch ausgebaut würde. Die neue Staatsverfassung war demokratisch, gab mithin allen erwachsenen Staatsbürgern das Stimmrecht – auch der großen Mehrheit derjenigen, die wenig oder nichts besaßen und von der Sozialpolitik Vorteile erwarten konnten – und sorgte für die Parlamentarisierung der Reichsregierung. Aufgrund der Größe ihrer Wähler- und Mitgliederschaft konnten sich die Parteien der Linken und die Gewerkschaften zudem mehr Einfluss auf die sozialpolitische Willensbildung und Entscheidungsfindung erhoffen – zumal die SPD nicht länger nur als Oppositionspartei fungierte, sondern auch als Regierungspartei (1919/20, 1921/22, 1923 und von 1928 bis März 1930). Zuspruch bekam die Sozialpolitik auch aus der politischen Mitte, namentlich von der Deutschen Zentrumspartei. Mit ihrem in der katholischen Arbeiterbewegung verankerten Arbeitnehmerflügel rückte die Zentrumspartei in eine sozialpolitisch besonders einflussreiche Position: Mit Heinrich Brauns stellte sie von 1920 bis 1928 den Minister des neu gegründeten, für den Großteil der zentralstaatlichen Sozialpolitik zuständigen Reichsarbeitsministeriums.

Sozialpolitische Nachfrage, sozialpolitisches Angebot

Der große Umfang sozialpolitischer Aufgaben gehört ebenfalls zu den Bedingungen, von denen ein kräftiger Schub zu erwarten war. Nicht nur die Demobilisierung von rund sechs Millionen Soldaten war zu verkraften, sondern auch die Umstellung von der Kriegs- auf die Friedenswirtschaft. Beide Vorgänge ließen die Zahl der Erwerbslosen steil ansteigen. Außerdem hatte der Krieg einen beträchtlichen Teil der Bevölkerung verarmen lassen. Die Alterung der Bevölkerung machte sich ebenfalls bemerkbar – wenngleich sie noch in Trippelschritten vorankam. Der Bevölkerungsanteil der mindestens 65-Jährigen, der 1890 5,0 Prozent betragen hatte, nahm allmählich zu und erreichte am Ende der Weimarer Republik 7,1 Prozent.[17] Dass hierdurch die Zahl der Altersrentner und der älteren, versorgungsbedürftigeren Patienten im Gesundheitswesen weiter wachsen und den Finanzaufwand für Soziales vergrößern würde, war abzusehen. Nicht zuletzt war der mit großer Härte ausgefochtene Klassenkampf «von oben» und «von unten»[18] eine weitere wichtige Determinante für die Sozialpolitik – teils fördernder, teils bremsender Art.

Allerdings laborierte die Weimarer Republik an einer großen Lücke zwischen der starken Nachfrage nach sozialer Sicherung und den knappen wirtschaftlichen und finanziellen Ressourcen zu ihrer Befriedigung. Der wirtschaftliche Niedergang in den Jahren des Ersten Weltkriegs, die Kriegsfolgen, die Konjunkturkrisen und ein meist relativ schwaches Wirtschaftswachstum – auch in den ruhigeren Jahren 1924 bis 1928 – ließen der Sozialpolitik wenig Spielraum. In größte Bedrängnis kamen die Sozialfinanzen zudem durch die Geldentwertung, die 1923 in eine Hyperinflation mündete. Die Inflation erschütterte die bis dahin auf dem Kapitaldeckungsverfahren basierende Rentenversicherung in ihren Grundfesten. Und wenige Jahre später, 1929, geriet die Sozialpolitik in den Strudel einer schweren mehrjährigen Wirtschaftskrise.

Immerhin erweiterte die günstigere wirtschaftliche Entwicklung von 1924 bis 1928 den finanziellen Spielraum für die Sozialpolitik zumindest vorübergehend. Und trotz ökonomisch widriger Bedingungen waren die Reichsregierungen auch vor 1924 bestrebt, den vom Kaiserreich geerbten Bestand an Sozialprogrammen zu sichern und durch Anpassungen und neue Programme zu ergänzen. So wurde beispielsweise die Kriegsopferversorgung auf- und ausgebaut. Ferner trat die Sozialfürsorge an die Stelle der Armenpflege. Überdies engagierte sich der Staat sowohl bei der Erweiterung des Arbeitnehmerschutzes als auch in der Wohnungspolitik. Mit der Einführung einer reichsweiten obligatorischen Arbeitslosenversicherung im Jahre 1927 schloss der Gesetzgeber außerdem die Lücke, die das Kaiserreich in der Sozialversicherung hinterlassen hatte.

Diskontinuität und Kontinuität der Weimarer Sozialpolitik

In welchem Ausmaß Kontinuität und Diskontinuität die Sozialpolitik der Weimarer Republik kennzeichneten, ist im Einzelnen strittig. Manche werten die Stetigkeit der Veränderungsrichtung, die dynamische Kontinuität, als Markenzeichen der Weimarer Sozialpolitik. Zu dieser Auffassung neigte beispielsweise Ludwig Preller, der Verfasser einer bis heute wegweisenden Studie zur Weimarer Sozialpolitik. Im Grunde sei diese – jedenfalls bis Ende der 1920er Jahre – die Realisierung von sozialreformerischen Ideen bürgerlicher Sozialpolitiker des Kaiserreiches durch Sozialdemokratie und Gewerkschaften gewesen.[19] Andere Beobachter sehen mehr Diskontinuität. Sie diagnostizieren einen «qualitativen Sprung in der Entwicklung des Sozialstaats in Deutschland»[20] einerseits und «Sozialabbau»[21] im Schlepptau der Weltwirtschaftskrise der frühen 1930er Jahre andererseits.

Für den «qualitativen Sprung» sprechen der Verfassungsrang, der nunmehr der Sozialpolitik zuteilwurde, und die Kodifizierung der meisten Weichenstellungen der «militärischen Sozialpolitik» der Kriegsjahre. Gestützt wird die These vom «qualitativen Sprung» zudem durch die vielen kleinen Gesetze und Verwaltungsakte, die den Sozialschutz erweiterten und zusammen mit programmatisch umfassenderen Kodifikationen die Weimarer Sozialpolitik in Richtung Sozialstaat weiterentwickelten. Während die Sozialversicherung des Kaiserreichs vor allem auf die abhängigen Erwerbsklassen der Arbeiter und Angestellten zielte, schlug die Weimarer Sozialpolitik «den Weg zur Volks- und Familienversicherung ein». Sie fügte «der Entschädigung die Schadensvorbeugung und die Schadensbehebung als Leistungszwecke hinzu, wobei die Prävention Vorrang vor der Rehabilitation und die Rehabilitation Vorrang vor der Entschädigung haben sollte». Und so konnte am Ende der Ausbauphase der Weimarer Sozialpolitik – im Jahre 1928 – von «einer bemerkenswerten Ausdehnung und Erhöhung ihrer Leistungen»[22] gesprochen werden, gar von einer Politik, die zusammen mit den sozialpolitischen Anstrengungen der Länder und Gemeinden «Maßstäbe für den Sozialstaat gesetzt»[23] habe.

Mit dem Ausbau des Arbeitsrechts und der Einführung einer reichsweiten Arbeitslosenversicherung 1927 rückte die Weimarer Sozialpolitik ein weiteres Stück voran in Richtung «Sozialstaat».[24] Mit diesen Maßnahmen behandelte der deutsche Staat erstmals auf nationaler Ebene Folgeprobleme von Marktversagen. Die staatliche Arbeitsvermittlung sollte das Arbeitsangebot und die Arbeitsnachfrage besser abstimmen. Arbeitslose sollten mit Geldleistungen unterstützt und am Markt gehalten werden. Die Arbeitslosenversicherung wurde ebenfalls als Sozialversicherung organisiert und von einem Dreierbund aus Staat, Repräsentanten der Arbeitnehmer und Vertretern der Unternehmer verwaltet. Die Einführung der Arbeitslosenversicherung werteten ihre Fürsprecher als die arbeitnehmerfreundlichste Weichenstellung der Weimarer Sozialpolitik. Von ihr erhofften sie Schutz gegen die «Diktatur des Marktes»[25] und Befreiung von der «bleiernen Kette des Proletariats»[26]. Allerdings litt die Arbeitslosenversicherung an einem Konstruktionsproblem: Ihr Leistungsvermögen war allenfalls auf mittlere Rezessionen zugeschnitten. Eine schwere Wirtschaftskrise, wie sie sich in Deutschland nach 1929 entwickelte, musste sie überfordern. Denn nun kletterte die Arbeitslosenquote von 6,7 Prozent 1928 auf einen Höchststand von 28,1 Prozent im Jahre 1932.[27]

«Kampf um den Sozialetat»

Der Wirtschaftseinbruch von 1929 und die Weltwirtschaftskrise der frühen 1930er Jahre beendeten die Ausbauphase der Weimarer Sozialpolitik. Der zuvor schon heftige Streit um die Sozialpolitik eskalierte zum «Kampf um den Sozialetat»[28]. In ihm standen insbesondere die Gewerkschaften, die SPD und die Zentrumspartei als Befürworter der Sozialpolitik den Rechtsparteien und den Unternehmerverbänden als Fürsprechern drastischer Einschnitte in die Sozialleistungen gegenüber.

Der Kampf um den Sozialetat bekam eine besondere Schärfe, weil die Wirtschaft bereits vor 1929 in eine schwere Krise geraten, eine sogenannte «kranke Wirtschaft»[29] geworden war. Die Ursachen dafür waren vielfältig. Ein Grund waren die schweren Verteilungskonflikte zwischen Arbeit und Kapital, die der Arbeiterschaft beträchtliche Reallohnsteigerungen beschert hatten. Weitere Ursachen lagen in ehrgeizigen Sozial-, Beschäftigungs- und Subventionspolitiken. Diese hatten die öffentlichen Haushalte überlastet, die Kräfte der Wirtschaft bis aufs Äußerste gefordert und die Front der Unternehmerschaft gegen den ungeliebten Weimarer Sozialinterventionismus gestärkt. Zur Krise gehörte ferner ein fundamentales Akzeptanzproblem der Weimarer Sozialpolitik: Ihr fehlte der Basiskonsens der parteipolitischen Lager ebenso wie der Basiskonsens zwischen Gewerkschaften und Unternehmerverbänden. Was die Sozialstaatsbefürworter als soziale «Errungenschaften» feierten, verurteilten seine Gegner als Abmarsch in «einen sich ständig steigernden Staatssozialismus»[30], der die Kräfte der Gesellschaft und der Wirtschaft überfordere.

Der Kampf um den Sozialetat fiel in eine Zeit, in der Deutschlands ohnehin schon schwer angeschlagene Wirtschaft in eine «Höllenfahrt in den Abgrund einer beispiellosen Depression»[31] geriet. Das schrumpfende Sozialprodukt, die wachsende Zahl der Arbeitslosen, die löchrigen Netze der Arbeitslosenversicherung und die kargen Fürsorgeleistungen der Kommunen ließen rund ein Drittel der Bevölkerung in prekäre Lebensverhältnisse abgleiten. Nicht wenige gerieten an den Rand des Existenzminimums, etliche stürzten noch tiefer. Die Wirtschaftskrise erschütterte die Gesellschaft der Weimarer Republik in ihren Grundfesten. Mehr noch: Sie trug entscheidend zum Aufstieg zweier «Anti-System-Parteien» bei, die die Demokratie in die Zange nahmen: der rechtstotalitären Nationalsozialistischen Deutschen Arbeiterpartei und der moskauhörigen linkstotalitären Kommunistischen Partei Deutschlands.

Die Sozialprogramme gerieten ebenfalls in das Räderwerk der Wirtschaftskrise. Infolge hoher Arbeitslosigkeit und drastisch sinkender Löhne schrumpfte das Volumen der Sozialbeiträge und der Steuereinnahmen just in einer Phase, in der die Nachfrage nach Sozialleistungen steil anstieg. Die Regierung Brüning und im Wesentlichen auch die nachfolgenden Regierungen von Papen und von Schleicher reagierten größtenteils mit einer prozyklisch wirkenden Deflationspolitik: Massive Ausgabenkürzungen sollten die schrumpfenden Einnahmen ausgleichen. Diese Politik sollte zugleich den Weimarer Sozialinterventionismus zurückdrängen. Die Deflationspolitik schloss drastische, für viele Adressaten bedrohliche Kürzungen der Sozialleistungen ein. Allerdings führten sie keineswegs überall zu realen, preisbereinigten Leistungseinschnitten oder im Endergebnis gar zu einem allgemeinen «gnadenlosen Sozialabbau»[32]. Der Grund: Die Deflation übertraf mitunter die nominalen Leistungskürzungen. Im Endeffekt konnte hierdurch der preisbereinigte Wert von Sozialleistungen sogar konstant bleiben oder ansteigen.[33]

Das Gesamtbild der letzten Jahre der Weimarer Republik ist dennoch von einem beträchtlichen Rückbau der Sozialpolitik geprägt. Das bezeugen die sozialversicherungspolitischen Entwicklungen und die tiefen Eingriffe der Regierungen Brüning und von Papen in die Tarifautonomie, die hierdurch am Ende von Weimar «zu einem Schatten ihrer selbst verkommen»[34] war. Auf Sozialabbau verweist zudem der internationale Vergleich: In Deutschland schrumpfte der Anteil der Sozialversicherten unter allen erwerbsfähigen Personen überdurchschnittlich stark. Das war nicht nur ein Ergebnis der Massenarbeitslosigkeit, sondern auch ein Resultat von massiven Einschnitten in die sozialen Sicherungssysteme. Dass der Schutzmantel der deutschen Sozialpolitik in den frühen 1930er Jahren kürzer und dünner wurde als in etlichen westeuropäischen Demokratien, reflektiert auch den Unterschied zwischen den mit Notverordnungen regierenden autoritären Präsidialregimen der letzten Jahre der Weimarer Republik und dem Überleben der Demokratie in anderen westeuropäischen Staaten.

Der Sozialstaatsrückbau der frühen 1930er Jahre war demnach nicht nur der Weltwirtschaftskrise geschuldet. Er spiegelte auch hausgemachte Weichenstellungen wider. Diese standen im Zeichen eines nur noch bedingt handlungsfähigen politischen Systems, einer am Budgetausgleich ausgerichteten Wirtschafts- und Haushaltspolitik und eines fundamentalen Verteilungskonfliktes. Verschiebungen im politischen Machtgefüge der Weimarer Republik zu Lasten der Sozialpolitik gehörten ebenfalls zu den Ursachen des Sozialabbaus. Die Aushöhlung der Tarifautonomie und die Schwächung der Gewerkschaften zählten genauso dazu wie die größer gewordene Kampfkraft der Sozialstaatsgegner im Parteiensystem, in der Wirtschaft und im Staatsapparat. Nicht zuletzt schwächte die Spaltung der Linksparteien in eine sozialdemokratische und eine kommunistische Bewegung die Sache der Sozialpolitik.

Der «nationalsozialistische Wohlfahrtsstaat»

Am 30. Januar 1933 wurde Adolf Hitler von Reichspräsident Paul von Hindenburg zum Reichskanzler ernannt und mit der Führung einer Koalitionsregierung beauftragt. Was als Einrahmung und Zähmung von Hitler und der *Nationalsozialisti-*

schen Arbeiterpartei Deutschlands gedacht war, entpuppte sich als Auftakt eines Regimewandels, der alsbald in den rechtstotalitären «Führerstaat»[35] mündete. Zwölf Jahre währte die nationalsozialistische Diktatur. Sie vollzog radikalere Richtungswechsel in der Innen- und Außenpolitik als je zuvor, zog in einen barbarischen, millionenfach Tod, Flucht und Vertreibung bringenden Krieg, beging mit der Vernichtung des Großteils der deutschen und europäischen jüdischen Bevölkerung einen ungeheuerlichen «Zivilisationsbruch»[36] und verstrickte sich in einen von beispielloser Gewalt geprägten «Kampf bis in den Untergang»[37], der erst mit der militärischen Niederringung Deutschlands durch die Alliierten im Mai 1945 ein Ende fand.

Dass die Machtübernahme durch den Nationalsozialismus und die Etablierung des «NS-Staates» tiefste Spuren in Staat und Gesellschaft hinterlassen und die Sozialpolitik davon nicht unberührt bleiben würde, war abzusehen. Auch Person, Werdegang und parteipolitische Orientierung des neuen Reichsarbeitsministers – des deutschnationalen Stahlhelm-Führers Franz Seldte – verhießen einen grundlegenden Richtungswechsel. Allerdings kommen die fachwissenschaftlichen Studien über die Sozialpolitik von 1933 bis 1945 – auf den ersten Blick überraschend – zu uneinheitlichen Befunden. Einer Sichtweise zufolge wurde die nationalsozialistische Sozialpolitik «in allen Teilen konsequent auf das politische System und seine Zielsetzungen ausgerichtet»[38]. Ein anderer Teil der Fachliteratur bescheinigt der Sozialpolitik im NS-Staat hingegen viel Kontinuität.[39] Fehlten den Nationalsozialisten nicht nur die sozialpolitischen Programme, sondern auch die Fachleute für Sozialpolitik? Überlebten nicht die Sozialversicherungsinstitutionen den Ansturm radikaler nationalsozialistischer Kräfte? Scheiterte nicht der Plan der Deutschen Arbeitsfront, die gegliederte Sozialversicherung durch ein «Versorgungswerk des deutschen Volkes» zu ersetzen, das einen autoritären «Wohlfahrtsstaat mit Rundumversorgung von der Wiege bis zur Bahre für die Mitglieder der Volksgemeinschaft»[40] hervorgebracht hätte? Und gab es nicht auch dynamische Kontinuität, also Fortführung von Entwicklungen aus den 1920er Jahren über 1933 hinaus, beispielsweise die Erweiterung der Sozialversicherung auf neue Zielgruppen, unter ihnen Handwerker? War das nicht Teil einer Modernisierung? Wurde hiermit und durch andere Maßnahmen der Mitgliederkreis der Sozialversicherungen nicht wieder erweitert – sogar in beachtlichem Tempo, wie der Vergleich mit anderen Ländern lehrt, und keineswegs nur aufgrund des Wirtschaftsaufschwungs in Deutschland?

Damit warf die Sozialpolitikforschung eine ähnliche Frage auf wie für die Zeit der Weimarer Republik: Beschreibt die Diskontinuitätsthese den Weg der Sozialpolitik besser, oder spricht mehr für ihre Kontinuität?

Wer diese Frage beantworten will, muss nach Sozialpolitikfeldern unterscheiden. Die Arbeitsverfassung der Weimarer Republik beseitigten die neuen Machthaber alsbald. Die Sozialversicherung blieb bestehen – allerdings ohne Selbstverwaltung. Die Sozialpolitik wurde in vermindertem Umfang fortgesetzt und geriet in den Bannkreis einer «Arbeitsschlacht», die zur Mitfinanzierung der nationalsozialistischen Machtstaatspolitik beitragen sollte. In der Bevölkerungs-, der Familien- und der Fürsorgepolitik schließlich kam das spezifisch nationalsozialistische Element der Sozialpolitik – die «rassistische Komponente»[41] – mit voller Wucht zur Geltung.

Arbeitsbeziehungen und Organisation der Sozialversicherung

Der erste Richtungswechsel in der Sozialpolitik des NS-Staates betraf die Arbeitsverfassung und die Organisation der Sozialversicherung. Die Arbeitsverfassung der Weimarer Republik wurde zerschlagen. An die Stelle freiheitlich-korporatistischer Arbeitsbeziehungen trat nun die autoritäre Arbeitsverfassung des «Führerstaates» mit dem Führerprinzip auch auf der Ebene der Betriebe. Das Koalitions- und das Streikrecht, die Tarifautonomie und die betriebliche Mitbestimmung wurden abgeschafft, und die Gewerkschaften wurden verboten. Ihren Platz sollte die Deutsche Arbeitsfront einnehmen. Doch das war eine von oben gelenkte Einheitsorganisation der Arbeiter, Angestellten, Handwerker, Gewerbetreibenden und Unternehmen.

Und die schon 1933 eingeführten «Treuhänder der Arbeit» konnten – nach den Richtlinien der Reichsregierung – den Inhalt von Arbeitsverträgen und damit Löhne und Arbeitsbedingungen weitgehend regeln. Zudem brachen Zwangsregulierungen das Prinzip des freien Arbeitsmarktes: Die Aufhebung des Rechts auf freie Arbeitswahl (1934), die Möglichkeit zur Dienstverpflichtung (1938), die Verlängerung der Arbeitszeit in den Kriegsjahren und nicht zuletzt der millionenfache Einsatz von Zwangsarbeitern in der Kriegswirtschaft waren die Hauptstationen.

Auch die Selbstverwaltung in der Sozialversicherung hatte den Regimewechsel von 1933 nicht überlebt. An ihre Stelle trat ein – vom Führerprinzip geprägtes – System eines Leiters mit einem Beirat. Letztere spielten allerdings nur eine Statistenrolle. Auch hier verdrängten die Institutionen des «Führerstaates» den liberalen Korporatismus aus Tarifparteien und Staat.

Sozialpolitik, «Arbeitsschlacht» und Machtstaatspolitik

Eine zweite sozialpolitische Wende vollzog der NS-Staat in der Beschäftigungspolitik und durch die Verlagerung von Finanzmitteln vom Sozialetat auf andere Politikfelder. Von der Ankurbelung der Wirtschaft und dem Abbau der Massenarbeitslosigkeit hing für die neuen Machthaber viel ab. Hier mussten schnell große Erfolge vorzeigbar sein – als Bewährungsprobe für den versprochenen Leistungsvorteil des «Führerstaates» vor der Demokratie. Tatsächlich erregten Wirtschaftsaufschwung und rapider Abbau der Arbeitslosigkeit national und international Aufsehen: 1938 war die Arbeitslosenquote in Deutschland auf 1,3 Prozent gefallen, während sie in anderen westlichen Ländern hoch blieb – in den USA bei 18,9 Prozent, in Großbritannien bei 8,1 Prozent.[42]

Das NS-Regime bekam viel Zuspruch für den 1933 einsetzenden Wirtschaftsaufschwung und den raschen Abbau der Arbeitslosigkeit. Propagandistische Maßnahmen wie «Autobahnbau», «Reichsarbeitsdienst», «NS-Volkswohlfahrt», «Winterhilfswerk» und die Freizeit- und Urlaubsgestaltung durch die «NS-Gemeinschaft Kraft durch Freude» trugen ebenfalls zur

Legitimierung des NS-Staates bei – und konnten insbesondere bei der Arbeiterschaft viel von dem wettmachen, was die Beseitigung der Weimarer Arbeitsverfassung zerschlagen hatte.

Die Bekämpfung der Arbeitslosigkeit und die weitere Förderung der Erwerbsbeteiligung zielten nicht nur auf Sozialpolitik: Beide sollten auch Mittel für Politikfelder jenseits der Sozialpolitik – vom Infrastrukturausbau bis zur militärischen Aufrüstung – frei machen. Deshalb wurden Sozialleistungen auf Sparflamme gehalten, soweit sie der «Arbeitsschlacht», der Wiedererlangung der Vollbeschäftigung sowie der Mobilisierung für eine machtstaatliche Wirtschafts- und Rüstungspolitik im Wege standen. Vom Kurswechsel künden die Sozialausgaben. Ihr Anteil am Sozialprodukt war 1939 mit 8,7 Prozent geringer als 1927 (10,4 Prozent) und lag weit unter den 20,7 Prozent von 1932.[43] Gewiss erklärt der Wirtschafts- und Beschäftigungsaufschwung ab 1933 einen Teil der niedrigen Sozialleistungsquote im NS-Staat, doch diese spiegelt auch gezielte politische Weichenstellungen wider: In den 1930er Jahren wurde der Wirtschaftsaufschwung weder für den Ausbau der Sozialpolitik noch für Lohnsteigerungen verwendet, wie in der Bundesrepublik Deutschland von den 1950er bis in die 1970er Jahre, sondern für infrastruktur- und rüstungspolitische Vorhaben.

Gesinnungspolitische und rassenbiologische Überformung der Sozialpolitik

An die Macht gelangt, durchlief der Nationalsozialismus einen Prozess kumulativer Radikalisierung, von dem auch die Sozialpolitik nicht verschont blieb. Den Studien von Sachße und Tennstedt zufolge gliederte sich die NS-Sozialpolitik in zwei Phasen. In die erste, bis 1938 währende Phase fällt die zuvor beschriebene Transformation der Arbeitsverfassung. In der zweiten Phase – ab 1938 – wandelte sich der «autoritäre Wohlfahrtsstaat» zum «nationalsozialistischen» oder «völkischen Wohlfahrtsstaat»[44]. Dieser Wandel setzte den – rassenideologisch definierten – «Volksgenossen» an die Stelle eines nach universalistischen Kriterien bestimmten Bürgers. Hierdurch entstand «ein völlig neues Verständnis von Sozialpolitik».

Es ging «nicht mehr um individuelle Sicherheit und Freiheit des Bürgers, sondern um die Verwirklichung der rassistischen Utopie des ‹gesunden Volkes der Zukunft›»[45].

Daraus resultierte die dritte und folgenreichste Wende der Sozialpolitik des NS-Staates: ihre gesinnungspolitisch und erbbiologisch-rassistisch motivierten Einschluss- und Ausschlussexzesse. Die Anfänge reichten bis 1933 zurück: Den Auftakt gaben parteipolitisch und rassenideologisch begründete Entlassungen aus der Sozialstaatsverwaltung und dem Gesundheitswesen. Alsbald folgten gesetzliche Grundlagen für die «rassenbiologische Ausdeutung der ‹sozialen Frage›»[46]. Diese kam insbesondere in der Bevölkerungs-, der Familien- und der Fürsorgepolitik zum Zuge, in der die 1933 gegründete Nationalsozialistische Volkswohlfahrt (NSV) als offizieller Wohlfahrtsverband der NSDAP alsbald dominierte. Bevölkerungs-, Familien- und Fürsorgepolitik sollten in besonderem Maße zur «Verbesserung der völkischen Lebensbedingungen»[47] beitragen, die «Erbgesundheit» fördern und «rassisch Minderwertige», «Erbkranke» und – vor allem ab 1938 – jüdische Fürsorgebedürftige ausgrenzen. Das schloss nicht nur «Pronatalismus» für die Deutschen ein, sondern auch «Antinatalismus», eine systematische «Politik der Zwangs- und Massensterilisation»[48].

Sozialpolitik für die «Volksgemeinschaft»?

Die Sozialpolitik im NS-Staat brachte vielen «Volksgenossen», vor allem in den Jahren bis Kriegsbeginn, mehr soziale Sicherheit als zuvor. Dieser Teil der Bevölkerung profitierte von den regimespezifischen Prämien des Nationalsozialismus. Insoweit schuf die nationalsozialistische Sozialpolitik eine positiv privilegierte Versorgungsklassenlage.[49] Zugute kam sie vor allem den vollzeitbeschäftigten sozialversicherten «schaffenden Deutschen», so die NS-Terminologie. In der Privilegierung dieses Kollektivs und seiner Angehörigen und im Ausschluss derer, die nicht zur «Volksgemeinschaft» gehörten, ist ein zentraler Pfeiler der Legitimation des NS-Regimes zu suchen. Er basierte auf der Anerkennung der exklusiven sozialpolitischen Leistung seitens der Begünstigten. Eine zweite Legitimationsgrundlage war die bürokratische Herrschaft, die dritte die charismatische Herrschaft.[50] Diese beruhte auf dem Glauben eines beträchtlichen Teils der deutschen Bevölkerung an die außeralltägliche, fast schon magische Qualität der Person und des Politikers Hitler und auf der darauf fußenden Überzeugung, Hitler sei der rechtmäßige «Führer» der «Volksgemeinschaft».[51]

Für die Gruppen, die der NS-Staat zum Gegner oder gar zum Feind erklärt hatte – vor allem Juden und andere «Fremdvölkische», aber auch Straftäter, «Arbeitsscheue» und politische Gegner –, brachte die Politik insgesamt Exklusion, und zwar «rettungslos»[52]. Doch selbst die «Volksgenossen» konnten der sozialpolitischen Früchte des «Führerstaates» nicht uneingeschränkt froh werden. Ihre Inklusion stand unter dem Vorbehalt des Politischen: Sie konnte Missliebigen verweigert werden. Hinzu kam das lange Sterben des NS-Staates. Er führte bis zum eigenen Untergang einen Krieg, der die Existenz zahlloser Menschen zertrümmerte, auch die Existenz von Millionen Angehörigen der nationalsozialistischen «Volksgemeinschaft».

Sozialpolitik in den Jahren der Besatzung (1945–1949)

Das «Dritte Reich», der Zweite Weltkrieg und die Kriegsfolgen hinterließen der Sozialpolitik eine gewaltige Hypothek. Allein die große Zahl der in Not Geratenen spricht Bände. Zu den Mühseligen und Beladenen gehörten die 12,3 Millionen Flüchtlinge und Vertriebenen, die bis 1950 nach West- oder Ostdeutschland strömten. Hinzu kamen 4,1 Millionen Kriegsopfer des Zweiten Weltkrieges – Witwen, Waisen und Invaliden. Sodann wurden Millionen von Evakuierten gezählt, überdies bei Kriegsende acht bis zehn Millionen Zwangsarbeiter, ehemalige Kriegsgefangene und Überlebende der Konzentrationslager. Auf deutscher Seite registrierten die Behörden mehr als drei Millionen Kriegssachgeschädigte, deren Haus- oder Wohnbesitz oder Betriebsvermögen durch Krieg oder Kriegsfolgen zerstört worden war. Auch waren die aus der Kriegsgefangenschaft entlassenen Soldaten wieder einzugliedern – im September 1945 waren noch

6,5 Millionen Soldaten in westlichen und rund 2,1 Millionen Wehrmachtangehörige in sowjetischen Kriegsgefangenenlagern inhaftiert. Der hohe Zerstörungsgrad der Städte, Obdachlosigkeit und Hunger machten die Lebensführung für viele unerträglich.[53]

Diese Probleme hätten auch einen finanziell gut gerüsteten Sozialstaat bis an die Belastungsgrenze gefordert. Ein solcher Staat war aber in der «Katastrophengesellschaft»[54] der Kriegsjahre und unmittelbaren Nachkriegszeit und auch in den folgenden Jahren der Besatzung nicht in Sicht. Denn die kriegs- und kriegsfolgenbedingte Not hatte vor den Toren der Sozialpolitik nicht haltgemacht. Der Großteil des Vermögens der Sozialversicherung war verloren. Ihre Organisation funktionierte zunächst nur auf Länderebene weiter. Dort sorgte sie im Verein mit der karitativen Arbeit von Wohlfahrtsverbänden und der kommunalen Fürsorge für ein Mindestmaß an Hilfen – in einem je nach Wirtschaftsumfeld und Besatzungszone unterschiedlichen Ausmaß.[55]

Auch wirtschaftlich konnten die ersten Nachkriegsjahre für die Sozialpolitik kaum ungünstiger sein. Das Pro-Kopf-Wirtschaftsprodukt war 1946 auf die Hälfte des Standes des Vorjahres gefallen. Mühsam erholte sich ein Teil der Wirtschaft in den folgenden Jahren wieder. Doch auch vier Jahre nach Kriegsende hatte das Pro-Kopf-Sozialprodukt erst den Stand von 1920 erreicht.[56] Da gab es wenig Spielraum für eine ehrgeizige Sozialpolitik. Das spiegelten auch die niedrigen Sozialleistungen wider. Notlagen und ein löchriger, oft kaum zur Existenzsicherung reichender Sozialschutz waren auch Jahre nach Kriegsende weit verbreitet. Besonders hart traf es diejenigen, die nicht auf Versorgung aus der Landwirtschaft, auf Vermögen, auf Hilfen im Familienkreis und auf soziale Leistungen der Betriebe zählen konnten.

Die nachhaltige Wende zum Besseren kam erst mit dem Wirtschaftsaufschwung und dem Ausbau der Sozialgesetzgebung nach der Gründung der Bundesrepublik Deutschland im Jahr 1949. Im Osten Deutschlands wies der Aufbau des Sozialismus in der 1949 gegründeten DDR – und zuvor schon die Weichenstellungen in der Sowjetischen Besatzungszone – in eine ganz andere Zukunft. Von dieser Gabelung der Sozialpolitik nach 1949 handeln das nächste und das übernächste Kapitel dieses Buches.

III. Der Sozialstaat der Bundesrepublik Deutschland

Mit der Gründung der Bundesrepublik Deutschland im Jahre 1949 begann auch für die Sozialpolitik ein neues Zeitalter. Der Gesetzgeber baute sie nun weiter aus als je zuvor. Was als Sozialpolitik einer «Notgemeinschaft» zwecks Verhinderung von Verelendung angefangen hatte, wandelte sich zu einer auf Sozialstaat und Massenkonsum basierenden «Wohlstandsgemeinschaft»[1] nahezu der gesamten Wohnbevölkerung. Von der Struktur des deutschen Sozialstaats heutzutage, den wichtigsten Stationen seiner Entwicklung seit 1949 und seinen wesentlichen Antriebskräften handelt dieses Kapitel.

Sozialstaatsstrukturen

Schon an seinen Sozialausgaben erkennt man die imposante Größe des Sozialstaats der Bundesrepublik Deutschland: 761 Milliarden Euro wurden 2010 für Soziales ausgegeben – mehr als je zuvor und mehr als für alle anderen Staatsaufgaben.[2] Dieser Betrag entspricht 30,4 Prozent des Bruttoinlandsproduktes, des Wertes aller in Deutschland im Jahr 2010 gefertigten Güter und Dienstleistungen. Entsprechend aufwendig ist die Finanzierung des Sozialstaats. Allein der Anteil der Arbeitnehmer- und Arbeitgebersozialbeiträge am Bruttoarbeitsentgelt kletterte von 20 Prozent im Jahre 1950 auf derzeit rund 40 Prozent. Die Sozialbeiträge finanzieren gegenwärtig 62 Prozent aller öffentlichen Sozialausgaben, während 36 Prozent aus den Haushalten von Bund, Ländern und Gemeinden und 2 Prozent aus sonstigen Quellen stammen.

Von der Bedeutung des deutschen Sozialstaats kündet zudem der große Kreis der Bürger, die einen Rechtsanspruch auf Sozialleistungen haben – und sei es nur Anspruch auf Leistungen eines der bedürftigkeitsgeprüften Mindestsicherungssysteme[3] wie «Hartz IV», Sozialhilfe oder Sozialgeld. Dieser Kreis umfasst faktisch die gesamte Wohnbevölkerung – deutsche Staatsbürger und im Lande wohnende Ausländer. Die überragende politische Bedeutung des Sozialstaats bezeugt schließlich die Zahl der Wähler, die ihren Lebensunterhalt überwiegend aus Sozialleistungen finanzieren, die Sozialstaatsklientel. Zu ihr gehörten bei der Bundestagswahl 2009 rund 25 Millionen. Das entspricht rund 40 Prozent der Wahlberechtigten.[4]

Zur Sozialstaatsklientel zählen unterschiedliche Personenkreise. Die größte Gruppe stellen die Rentner der Allgemeinen Rentenversicherung, der knappschaftlichen Rentenversicherung und der Alterssicherung der Landwirte sowie die pensionierten Beamten und Soldaten. Mit großem Abstand folgen – gemessen an jahresdurchschnittlichen Zahlen – die Empfänger von Leistungen aus den Mindestsicherungssystemen, von Arbeitslosengeld und Lohnfortzahlung im Krankheitsfall, die Kurzarbeiter und andere mehr.

Einen genaueren Einblick in die Zusammensetzung der Sozialstaatsklientel vermitteln die personen- und rentenbestandsbezogenen Statistiken der verschiedenen Sozialsysteme.

- Der Bestand an laufenden Renten[5] der allgemeinen Rentenversicherung – bis Ende 2004 hieß sie Rentenversicherung der Arbeiter und Angestellten – belief sich am 1. Juli 2011 auf 23,9 Millionen. Davon entfielen 17,0 Millionen auf Altersrenten, 1,5 Millionen auf Renten wegen verminderter Erwerbsfähigkeit und 5,3 Millionen auf Witwen-, Witwer-, Waisen- und Erziehungsrenten. Hinzu kommen 1,1 Millionen Renten der knappschaftlichen Rentenversicherung sowie mehr als eine Million Renten aus den Zusatzversicherungen (unter ihnen die Versorgungsanstalt des Bundes und der Länder und die der Deutschen Bundespost), ferner 0,6 Millionen Renten der Alterssicherung der Landwirte, 1,5 Millionen Versorgungsempfänger nach Beamten- und Soldatenrecht und 0,9 Millionen Renten der Unfallversicherung.
- In der gesetzlichen Krankenversicherung wurden 2011

51,6 Millionen Mitglieder mit einem jahresdurchschnittlichen Krankenstand von rund 3,4 Prozent (2009) und rund 20 Millionen mitversicherte Familienmitglieder gezählt. 8,95 Millionen Bürger sind Mitglieder der privaten Krankenversicherungen.

- Die Arbeitslosenversicherung zahlte 2010 im Jahresdurchschnitt das Arbeitslosengeld I an eine Million Arbeitnehmer. Weiteren 4,9 Millionen Personen kam im Jahresdurchschnitt das Arbeitslosengeld II («Hartz IV») zugute. Außerdem wurden 2010 im Jahresdurchschnitt eine halbe Million Kurzarbeiter finanziert.
- In der Pflegeversicherung betrug die Zahl der Versicherten 2010 knapp 70 Millionen, davon waren am Ende des Jahres 2009 2,3 Millionen pflegebedürftig.
- Die Kriegsopferversorgung, die 1950 noch 3,9 Millionen Personen finanzierte, zählt mittlerweile 300 000 Versorgungsberechtigte – Stand Anfang 2011.
- Um ein Vielfaches größer ist der Kreis der Nutznießer der Mindestsicherungssysteme. Dazu gehören – neben dem zuvor schon erwähnten Arbeitslosengeld II – die Sozialhilfe, das Sozialgeld, die Kriegsopferfürsorge, die Grundsicherung im Alter und bei Erwerbsminderung sowie Leistungen nach dem Asylbewerberleistungsgesetz: Die Leistungen der Mindestsicherungssysteme finanzierten am Jahresende 2008 für 9,3 Prozent der in Deutschland lebenden Menschen den grundlegenden Lebensunterhalt.
- Kindergeld erhielten 2010 8,8 Millionen Personen, unter ihnen 1,1 Millionen Ausländer.
- Dass der deutsche Sozialstaat für im Lande ansässige Ausländer offen ist, verdeutlicht auch die Zahl der Empfänger von Regelleistungen gemäß Asylbewerberleistungsgesetz: 121 000 waren es Ende 2009.

Der Auf- und Ausbau der Sozialpolitik hat, so zeigen diese Zahlen, einen vielschichtigen Sozialstaat geschaffen. Hinsichtlich der Sicherungssysteme besteht seine wichtigste und kostspieligste Schicht aus den Sozialversicherungen. Diese gliedern sich in die gesetzliche Rentenversicherung (auf die 2010 31,9 Prozent aller öffentlichen Sozialausgaben entfielen), die gesetzliche und private Krankenversicherung (24,1 Prozent), die Arbeitslosenversicherung (4,6 Prozent), die Pflegeversicherung (2,8 Prozent) und die Unfallversicherung (1,5 Prozent).[6] Die Leistungen der Sozialversicherungen stehen grundsätzlich nur den Versicherten zu. Ihre Höhe bemisst sich im Prinzip nach Höhe und Dauer der Beitragszahlung. Allerdings wurden diese Prinzipien vielfach gelockert. Beispielsweise sind in der gesetzlichen Krankenversicherung auch nichterwerbstätige Familienangehörige mitversichert, und trotz einkommensabhängiger Krankenversicherungsbeiträge hat jeder Versicherte den gleichen Anspruch auf Gesundheitsdienstleistungen. Ferner kennt die Rentenversicherung nicht nur Renten wegen Alter und verminderter Erwerbsfähigkeit, sondern auch Witwen-, Witwer-, Waisen- und Erziehungsrenten.

Die Sozialversicherungen sind das «Rückgrat»[7] der Sicherungssysteme in Deutschland. Manche stufen die deutsche Sozialpolitik deshalb als «Sozialversicherungsstaat» ein. Doch das greift zu kurz, wie allein ein Blick auf die Sozialfinanzen lehrt: Rund 65 Prozent des gesamten Sozialbudgets kommen den Sozialversicherungen zugute, aber rund 35 Prozent – immerhin mehr als 270 Milliarden Euro – fließen in andere Sozialschutzsysteme. Das ist die zweite Schicht des Sozialstaats. Geordnet nach ihrer finanziellen Wichtigkeit, zählen zu ihr laut neuester Sozialbudgetsystematik fünf Systeme: 1) die «Förder- und Fürsorgesysteme», unter ihnen die Grundsicherung für Arbeitssuchende, das sogenannte Arbeitslosengeld II, Sozialhilfe, Sozialgeld, Kindergeld, Elterngeld, Wohngeld und Leistungen für Asylbewerber, 2) die «Arbeitgebersysteme», vor allem die Entgeltfortzahlung im Krankheitsfall, die Zusatzversorgung im öffentlichen Dienst und die betriebliche Altersversorgung, 3) die «Systeme des öffentlichen Dienstes» wie Pensionen, Beihilfen und Familienzuschläge, 4) die «Sondersysteme», die neben den berufsständischen Versorgungswerken für Freiberufler insbesondere die Alterssicherung der Landwirte, die Förderung der privaten Altersvorsorge und seit dem Sozialbudget 2010 die Grundleistungen der privaten Krankenversicherung umfassen, und 5) die «Entschädigungssysteme», unter ihnen der Lastenausgleich und die Wiedergutmachung.[8]

Finanziert werden diese Sozialsysteme größtenteils aus den Haushalten des Bundes, der Länder und der Gemeinden – mit Ausnahme der Arbeitgebersysteme, der privaten Krankenversicherung und der berufsständischen Versorgungswerke. Ihre Leistungen vergeben diese Sozialsysteme nach anderen Prinzipien als die Sozialversicherung: Fürsorge (in der Sozialhilfe und beim Sozialgeld), Fördern und Fürsorge (so die Grundsicherung für Arbeitssuchende), Entschädigung (beispielsweise von Kriegsopfern), soziale Hilfe (in der Jugendhilfe) und Alimentation (so das Prinzip der standesangemessenen sozialen Sicherung von Berufsbeamten).

Die Regulierung der Arbeitswelt spielt im deutschen Sozialstaat ebenfalls eine große Rolle. Das ist seine dritte Schicht. Sie enthält einen anspruchsvollen Arbeitsschutz und Regelungen für das Arbeitsvertrags-, das Koalitions- und das Arbeitskampfrecht, die Einstellung und Kündigung von Arbeitskräften, die Betriebsverfassung und die weit ausgebaute Arbeitnehmermitbestimmung. Das Leitziel der Arbeitsweltregulierung ist es, für sozialen Ausgleich zu sorgen: nicht nur mit den Systemen der sozialen Sicherung, sondern auch durch Mitbestimmung, Arbeitnehmerschutzrechte, Herstellung von Kampfparität der Tarifparteien und sozialpartnerschaftliche Entschärfung des Konfliktes zwischen Arbeit und Kapital. Im Unterschied zur Sozialpolitik der DDR und anderer kommunistischer Wohlfahrtsstaaten ist Deutschlands Sozialstaat nicht zuständig für Vollbeschäftigung, wohl aber für die Arbeitslosenversicherung. Diese umfasst die Arbeitsvermittlung, die Verwaltung der Arbeitslosigkeit, die Zahlung von Arbeitslosengeld, die «passive Arbeitsmarktpolitik» und die «aktive Arbeitsmarktpolitik», die insbesondere für Umschulung und Weiterqualifizierung aufkommt.

Die vierte Schicht des deutschen Sozialwesens bilden die Wohlfahrtsverbände. Wie in anderen Staaten mit gemischt-konfessioneller Zusammensetzung spielen diese gemeinnützigen Verbände in Deutschlands Sozialstaat eine wichtige Rolle. Ihre Schwerpunkte sind die Familien- und die Jugendpolitik, die Pflegeversicherung und die Fürsorge. Deutschlands Wohlfahrtsverbände sind Großorganisationen mit rund 1,4 Millionen Beschäftigten und rund einer Million ehrenamtlicher Helfer,[9] die einen Rechtsanspruch auf staatliche Finanzierung haben – ein auch international ungewöhnliches Privileg. Die Übertragung sozialpolitischer Aufgaben an die Wohlfahrtsverbände ist Teil des Subsidiaritätsprinzips und des «delegierenden Staates», die beide in Deutschlands Sozial- und Wirtschaftspolitik eine wichtige Rolle spielen. Der subsidiär handelnde Staat überträgt die Verantwortung auf den Einzelnen und – beim Versagen der Einzelhilfe – in aufsteigender Linie auf Familie und Nachbarschaft, gemeinnützige Organisationen und den Staat. Der «delegierende Staat» beauftragt zudem Expertengremien mit wichtigen öffentlichen Angelegenheiten, beispielsweise die Zentralbank mit der Geldpolitik, und die Assoziationen der Gesellschaft, wie die Wohlfahrtsverbände, mit Sozialpolitik. Zum «delegierenden Staat» gehört auch die Tarifautonomie: Die verbindliche Regelung von Löhnen und Arbeitsbedingungen obliegt den Tarifparteien, den Interessenvertretungen von Arbeitnehmern und Arbeitgebern, nicht dem Staat.

Schlussendlich zählen manche auch den «sozialen Bundesstaat» im Sinne des Grundgesetzartikels 20 zum Sozialstaat. Zum «sozialen Bundesstaat» gehört insbesondere ein aufwendiger, am Ziel der Gleichwertigkeit der Lebensverhältnisse orientierter Finanzausgleich zwischen Bund und Ländern sowie zwischen finanzkräftigen und finanzschwächeren Ländern.

Ein Sozialstaat nur für Arbeitnehmer oder für alle Staatsbürger?

Deutschlands Sozialstaat wird nachgesagt, er kümmere sich hauptsächlich nur um die Risiken von vollzeitbeschäftigten Arbeitern, Angestellten und Beamten und vernachlässige neue Risiken, die aus unsteten Erwerbskarrieren, Langzeitarbeitslosigkeit, Pflegebedürftigkeit, unterdurchschnittlichem Verdienst oder Überlastung erwerbstätiger Alleinerziehender entstünden. Doch das ist nur die halbe Wahrheit. Früher war Deutschlands Sozialpolitik hauptsächlich Arbeiter- und Angestelltensozialpolitik. Heutzutage aber erreicht sie, wenn man alle Sozialsysteme einschließlich der Mindestsicherungssysteme berücksichtigt, alle Staatsbürger. Dass der moderne Sozialstaat nicht nur mit Sozialtransfers arbeitet, sondern auch mit Sozialdienstleistungen, wie in der Pflegeversicherung, und auf alte und neue Risiken reagiert, gehört ebenfalls zum berichtenswerten Wandel. Und dass der Sozialschutz weit über die abhängig Beschäftigten hinausreicht, lässt sich allein an der Vielzahl der oben erwähnten Sozialsysteme ablesen. In der Summe erfasst der Sozialstaat alle Staatsbürger und fast die gesamte Wohnbevölkerung Deutschlands und deckt den Großteil jener Risiken, die die Vorsorgekraft der Einzelnen meist übersteigen, mehr oder minder gut ab.

Deutschlands Sozialstaat ist vielschichtig. Deshalb entzieht er sich der einfachen Zuordnung zu Standardtypologien. Dass er mehr als nur ein «Sozialversicherungsstaat» ist, wurde schon gesagt. Auch greift zu kurz, wer ihn als «konservativen Wohlfahrtsstaat» einstuft, den im Wesentlichen nur berufsständische Sozialversicherungen, korporatistische Strukturen und geringe Umverteilung kennzeichneten. So lautete die einseitige Diagnose in Esping-Andersens einflussreichem Buch über die «Drei Welten des Wohlfahrtskapitalismus»[10]. In Wirklichkeit ist Deutschlands Sozialstaat, in Esping-Andersens Terminologie, eine Mixtur aus dem «konservativen», dem «sozialdemokratischen» und dem «liberalen» Wohlfahrtsstaat». Er organisiert den Sozialschutz für alle Staatsbürger auf hohem Niveau und mit beachtlicher Umverteilung,[11] betreibt leistungsfähige Mindestsicherungssysteme und hält Sozialleistungen auch für Ausländer und Asylbewerber im Lande bereit. Die Komponente des «liberalen Wohlfahrtsstaates», der marktfreundlicher ausgelegt ist, nur besonders bedürftige Gruppen schützt und ansonsten den Staat am kurzen Zügel führt, ist in Deutschland schwächer als die konservative und die sozialdemokratische Komponente, wenngleich sie in den letzten zwei Dekaden an Gewicht gewonnen hat. Das bezeugen die Einführung von gemischten, öffentlich und privat kombinierenden Finanzierungen wie bei der Riester-Rente oder im Falle der Zuzahlung bei

Medikamenten, Arztpraxisbesuch und Krankenhausaufenthalt sowie die Flexibilisierung des Arbeitsmarktes, die insbesondere durch die Lockerung des Beschäftigungsschutzes für befristete Arbeitsverhältnisse vorankam.[12] Diese Entwicklungen verleiten manche Beobachter zu der überzogenen These, Deutschlands «Bismarck'scher Sozialversicherungsstaat» habe sich zu einem dualen «Post-Bismarck'schen Wohlfahrtsstaat» gewandelt. Dieser biete nur noch den Arbeitnehmern des primären Arbeitsmarktes und den aus diesem Kreis rekrutierten Sozialrentnern einen vorzeigbaren Sozialschutz, speise aber alle anderen Zielgruppen mit niedrigen und lückenhaften Leistungen ab.[13]

Etappen der sozialstaatlichen Entwicklung seit 1949

Der Auf- und Ausbau des Sozialstaats in der Bundesrepublik Deutschland erfolgte, den stilprägenden Aufgaben und Weichenstellungen sowie den politisch-ökonomischen Rahmenbedingungen nach zu urteilen, in sechs Etappen:

1. 1949–1956/57: Wiederaufbau, Bewältigung von Kriegs- und Nachkriegsfolgen und Bekämpfung von anderweitigem elementaren Elend beherrschten die erste Etappe der Sozialgesetzgebung in der Bundesrepublik. Sie reichte bis weit in die zweite Legislaturperiode des Deutschen Bundestages (1953–1957). Die Versorgung der Kriegsopfer – Witwen, Waisen, Versehrte – regelte das Bundesversorgungsgesetz von 1950. Vertriebene und Flüchtlinge erhielten mit dem Lastenausgleich Entschädigungen. Und mit der Förderung des Wohnungsbaus begann der Gesetzgeber, die Wohnungsnot, die der Krieg insbesondere in den zerbombten Städten hinterlassen hatte, zu bekämpfen – mit großem Erfolg. Auch der Aufbau einer sozialpartnerschaftlichen Arbeitsverfassung stand auf der Tagesordnung. Davon kündeten neben der Tarifautonomie insbesondere die Einführung der Montan-Mitbestimmung (1951) und der Betriebsverfassung (1952). Zusammen mit dem Wirtschaftsaufschwung und der sonstigen Sozialpolitik entschärften diese Gesetze den brisanten

Konflikt zwischen der marktliberalen bürgerlichen Bundesregierung und den Gewerkschaften sowie der SPD, die noch nach einem dritten Weg zwischen Kapitalismus und Sozialismus strebten. Wirtschaftlich begünstigten ein ungewöhnlich hohes Wirtschaftswachstum und der rasche Abbau der Arbeitslosigkeit diese Etappe. Politisch geformt wurde sie – wie auch die erste Hälfte der nachfolgenden Periode – von CDU/CSU-dominierten Bundesregierungen, die mit der oppositionellen SPD in einem scharfen Wettbewerb standen.

II. 1957–1974: Eine expansive Sozialpolitik, die zunächst «im Zeichen des erreichten Wohlstandes» und später im Zeichen eines «vielfältigen Aufbruchs»[14] stand, markierte die zweite Periode. Nicht nur um die Bekämpfung unabweisbarer Notlagen ging es nun, sondern auch um Sozialpolitik für nicht-existentielle Risiken. Eingeleitet wurde diese Etappe mit der Rentenreform von 1957. Die Rentenreform erhöhte die bis dahin meist kärglichen Altersrenten substanziell. Zudem führte sie die beitragsäquivalente, einkommensbezogene Rente ein und schrieb mit der Dynamisierung der Renten Geschichte: Die Altersrenten wurden nunmehr gemäß einer vom Gesetzgeber festgelegten Rentenformel jährlich an die Entwicklung des Bruttoarbeitsentgelts aller Versicherten angepasst. Das war eine aufsehenerregende Innovation. «Wohlstand für alle», so der Werbeslogan des damaligen Bundeswirtschaftsministers Ludwig Erhard, der die Dynamisierung der Renten allerdings als Gift für die Wirtschaft deutete, wurde erstmals auch für die Altersrentner greifbar.

Nicht so spektakulär, aber ökonomisch folgenreich, wirkte die bundesweite Einführung der Sozialhilfe im Jahre 1961, die an die Stelle der Fürsorge der Weimarer Republik trat, die wiederum die Armenhilfe des Kaiserreichs abgelöst hatte, und beide um Längen übertraf. Die Sozialhilfe knüpfte das unterste Netz der sozialen Sicherung für jeden Bedürftigen und hatte faktisch einen Mindestlohn von ansehnlicher Höhe zur Folge.

Begünstigt wurde diese Etappe der Sozialpolitik erneut von hohem Wirtschaftswachstum und, seit Ende der 1950er Jahre, von Vollbeschäftigung – mit Ausnahme der Rezession von 1966.

Mittlerweile war die CDU/CSU nicht länger die dominante Regierungskraft. Von 1966 bis 1969 regierte die erste Große Koalition aus CDU, CSU und SPD. Nach der Bundestagswahl 1969 folgte ihr die sozial-liberale Koalition aus SPD und FDP. Beide Regierungen handelten im Zeichen einer Aufbruchstimmung. Ein hohes Reformtempo, auch in der Sozialstaatspolitik, schlug insbesondere die SPD/FDP-Koalition ein. Mit der Erweiterung der sozialen Sicherungssysteme, dem Betriebsverfassungsgesetz von 1972 und dem Mitbestimmungsgesetz von 1976 brachte sie mehr Sozialstaat als je zuvor zustande. Bei diesem Programm wirkten die Unionsparteien aus der Opposition heraus tatkräftig mit und leiteten einen spektakulären Sozialpolitikwettlauf zwischen Regierung und Opposition ein.

III. 1974–1989: Die Periode der in Deutschlands Geschichte beispiellosen Expansion der Sozialpolitik endete mit der Rezession von 1974/1975. Nun war der «kurze Traum immerwährender Prosperität»[15] ausgeträumt, und das «Wirtschaftswunder», das für steigenden Lebensstandard sorgte und die Kassen von Staat und Sozialversicherungen so füllte, dass üppige Sozialprogramme dauerhaft finanzierbar schienen, war Geschichte. Nun sahen sich die Sozialpolitiker mit mageren Jahren konfrontiert: Die Wirtschaft wuchs wesentlich schwächer als zuvor und wurde wiederholt von Rezessionen unterbrochen. Entsprechend hoch war die Arbeitslosigkeit. Hinzu kam die voranschreitende Alterung der Bevölkerung. All dies und die Kosten der zunehmenden Staatsverschuldung drückten auf die Staatsfinanzen. Auch das verlangte nach Anpassung des Sozialbudgets. Die neue Lage sorgte für heftigen Streit über den weiteren Kurs der Wirtschafts- und Sozialpolitik in der sozial-liberalen Koalition und zwischen der SPD und der oppositionellen, nunmehr für weniger Staat und mehr Markt werbenden CDU/CSU.

Die SPD/FDP-Koalition überstand die Auseinandersetzungen nicht und brach im September 1982 auseinander. Am 1. Oktober 1982 machte das konstruktive Misstrauensvotum gegen den Kanzler Helmut Schmidt (SPD) den Weg zur Bildung einer von Helmut Kohl geführten CDU/CSU-FDP-Koalition frei. Ihn wollte die neue Regierung für eine Politikwende nutzen. «Mehr Markt, weniger Staat» lautete ihr Programm, das zunächst auch eine «geistig-moralische Wende» propagierte. Sozialpolitisch öffnete der Regierungswechsel den – von der Opposition scharf attackierten – Weg zur finanziellen Konsolidierung der Sozialhaushalte und anschließend zu einer Reihe institutioneller Reformen des Sozialstaats. Deren Leitidee war die Stabilisierung der Sozialversicherungen. Wetterfester sollten sie werden – gegen die Stürme der Globalisierung, der Alterung der Bevölkerung und der Regierungswechsel. Ihren Höhepunkt erreichte diese Stabilisierungspolitik mit der am 9. November 1989, dem Tag des Falls der Berliner Mauer, verabschiedeten Rentenreform '92, die auch die Zustimmung der oppositionellen SPD fand.

IV. 1990–1998: Der Fall der Berliner Mauer leitete wiederum eine neue Etappe der Sozialpolitik ein. Zutiefst geprägt wurde sie von der Wiedervereinigung des geteilten Deutschland. Mit der zum 1. Juni 1990 in Kraft tretenden Wirtschafts-, Währungs- und Sozialunion und der Herstellung der staatsrechtlichen Einheit Deutschlands am 3. Oktober 1990 wurde fast das gesamte westdeutsche Sozialrecht auf die neuen Bundesländer übertragen. Das war eine gesetzgeberische und organisatorische «Meisterleistung»[16]. Allerdings war der «Preis der deutschen Einheit»[17] hoch: Zu ihm gehören die Verzögerung des – angesichts neuer Herausforderungen und problematischer Finanzierungsbasis – fälligen Sozialstaatsumbaus und die Vergrößerung seiner Probleme. Die Einführung der Pflegeversicherung im Jahre 1995 war ein weiteres sozialpolitisches Schlüsselereignis, denn mit ihr entstand die fünfte Säule des deutschen Sozialstaats. Während diese Reform noch von der SPD-Opposition mitgetragen wurde, war die von der Bundesregierung propagierte Anpassung des Sozialstaats an den – infolge von Globalisierung – intensivierten Standortwettbewerb parteipolitisch erneut umstritten: Bei Maßnahmen wie Absenkung der Lohnfortzahlung im Krankheitsfall, Lockerung des Kündigungsschutzes und Einführung eines demographischen Faktors in die Berechnung der Altersrenten schieden sich die Geister von Regierung und Opposition.

V. 1998–2005: Ein neuerlicher Regierungswechsel brachte 1998 eine Koalition aus SPD und Bündnis 90/Die Grünen an die Macht. Nach anfänglichem Zurückdrehen von Reformen wechselte Rot-Grün den Kurs der Alterssicherungspolitik: Diese wandelte sich von der rentenniveauorientierten zur einnahmenorientierten Rentenpolitik. Diese Weichenstellung sollte für einen stabilen Beitragssatz sorgen. Zudem führte Rot-Grün eine staatlich subventionierte kapitalgedeckte Altersvorsorge ein, die nach dem damaligen Bundesarbeitsminister Walter Riester benannte «Riester-Rente». Sie ist die dritte Säule der Alterssicherung – neben der gesetzlichen Rentenversicherung und der betrieblichen Altersversorgung. Sie soll der Altersarmut entgegenwirken, die nicht zuletzt aufgrund der einnahmenorientierten Rentenpolitik künftig wahrscheinlicher wird. Ab 2002 fügte Rot-Grün Arbeitsmarktreformen hinzu, die gemäß der Lehre vom «aktivierenden Sozialstaat» die Adressaten der Sozialpolitik nicht nur fördern, sondern auch fordern und den starren Arbeitsmarkt flexibilisieren sollten. Zu diesen Reformen gehörte «Hartz IV», die Zusammenlegung von Arbeitslosengeld und Sozialhilfe und die Einführung einer Grundsicherung für Arbeitssuchende, die irreführenderweise «Arbeitslosengeld II» heißt. «Hartz IV» war Teil der Reformen, die Bundeskanzler Gerhard Schröder im März 2003 als «Agenda 2010» vorstellte. Diese sollte Deutschland bis 2010 auf neue Herausforderungen einstellen – auf Globalisierung, Europäisierung, Alterung der Bevölkerung und Krise der Sozialfinanzen – und wettbewerbsfähiger machen. Allerdings entwickelte «Hartz IV» sich zu einer Reform, die, obgleich sachlich geboten, bei der radikalen Linken, bei weiten Teilen der SPD und bei den Gewerkschaften bis heute unpopulär ist. Mehr noch: Sie bescherte der SPD erhebliche Wählerstimmenverluste und trug zur Abwahl von SPD-geführten Regierungen in mehreren Bundesländern sowie zur Wahlniederlage von Rot-Grün bei der Bundestagswahl von 2005 bei.

VI. 2005 bis 2012: Nach dieser Wahl gingen CDU, CSU und SPD die zweite Große Koalition ein. Sie währte vier Jahre. Als eine

«Regierung der ‹kleinen Schritte›»[18] stufte sie ein Historiker ein. Dass diese Koalition die Sozialpolitik mit beachtlicher Kontinuität weiterführte, spricht für diese Einschätzung. Allerdings läutete die Große Koalition auch sozialpolitische Neuerungen ein – vor allem die Erhöhung des Renteneintrittsalters ab 2012, die «Rente ab 67», und den Umbau der Familienpolitik, der Familie und Beruf besser vereinbar machen soll. Besonders gefordert wurde die zweite Große Koalition durch die Wirtschaftskrise, die 2007 durch die weltweite Finanzmarktkrise ausgelöst wurde. In dieser Wirtschaftskrise schrumpfte das Sozialprodukt der Bundesrepublik Deutschland 2009 preisbereinigt um fünf Prozent, mehr als je zuvor. Doch nun schlug die Stunde des Sozialstaats: Er fungierte als ein allseits hochwillkommener automatischer Konjunkturstabilisator und schirmte Politik und Gesellschaft gegen die Schockwellen der Wirtschaftskrise weitgehend ab.

Nach der Bundestagswahl 2009 übernahm erneut eine Koalition aus CDU, CSU und FDP die Regierungsgeschäfte. Im Unterschied zu den 1980er Jahren verzichtete diese Koalition auf eine «Wende» zugunsten von mehr Markt und weniger Staat. Sie führte vielmehr – neben Reaktionen auf verfassungsrechtlich vorgeschriebene Änderungen wie Jobcenterreform und Bildungspaket für Kinder – die Linien der etablierten Sozialpolitik weiter, ging allerdings mit der Einführung und Verlängerung von Mindestlöhnen auch neue, für eine bürgerliche Koalition ungewöhnliche Schritte.

Antriebskräfte des Sozialstaats

Viele Kräfte wirken beim Auf- und Ausbau des Sozialstaats in der Bundesrepublik Deutschland mit. Kriegs- und kriegsfolgenbedingte Notlagen gehören zu ihnen: Sie überlasteten den traditionellen lokalen, kirchlichen und familiären Sozialschutz, den Industrialisierung und Urbanisierung ohnehin schon überfordert hatten, noch weiter und vergrößerten den Bedarf an kollektiver sozialer Sicherung.

Dass die Wirtschaft und ihre Entwicklung ebenfalls zentrale Rahmenbedingungen des Sozialstaats sind, versteht sich fast von selbst. Eine dramatische Schrumpfung des Sozialproduktes um mehr als die Hälfte, wie zwischen 1944 und 1946, vervielfacht den Bedarf an Sozialschutz und entzieht der Politik zugleich die zur Problemlösung erforderlichen finanziellen Ressourcen. Doch auch ein hohes Wirtschaftswachstum ist zweiwertig: Soweit es die Kaufkraft der Löhne und Gehälter steigert, wirkt es als «anonyme Sozialpolitik des Marktmechanismus»[19]. Zudem erleichtert ein hohes Wirtschaftswachstum die Finanzierung des Sozialstaats. Allerdings schafft es zusätzliche Nachfrage nach Sozialleistungen: Der Wandel von einer geschlossenen Agrar- und Industriegesellschaft zu einer weltmarktintegrierten Industrie-, Dienstleistungs- und Wissensgesellschaft beispielsweise erfordert Schutz für jene, die auf diesem Weg unter die Räder zu geraten drohen, und verlangt Hilfen für jene, die sich mit räumlicher und beruflicher Mobilität den Zeitläuften anpassen.

Die Alterung der Bevölkerung vergrößert ebenfalls die Nachfrage nach Sozialleistungen. Hinzu kommen kostensteigernde Mechanismen: Die Kostenschübe im Gesundheitswesen beispielsweise wurzeln im Zusammenspiel von medizinisch-technischem Fortschritt, generöser Finanzierung der Gesundheitsdienstleistungen durch die Krankenversicherungen, verbesserten Möglichkeiten der Diagnostik, Therapie und Rehabilitation sowie Spezialisierung des Leistungsangebotes, hoher Ärztedichte und oligopolistischen Angebotsstrukturen im medizinisch-technischen Bereich. Des Weiteren nehmen die Kosten von Sozialdienstleistungen und Sozialstaatsverwaltung überproportional zu, weil die Produktivität in beiden Feldern geringer ist und weniger wächst als in der Privatwirtschaft, während die Entlohnung sich an den Löhnen im privaten Sektor der Wirtschaft orientiert. Die Nachfrage nach Sozialleistungen steigt schließlich aufgrund der Individualisierung: Zahl und Bevölkerungsanteil von Alleinstehenden und Alleinerziehenden sind im Steigen begriffen. Damit wächst die sozialpolitische Bedeutung einer Lebenslage, die häufiger als bei Paaren der sozialen Hilfe von außen bedarf.

Wirtschaftliche und gesellschaftliche Vorgänge können den

Auf- und Ausbau des Sozialstaats allerdings nicht allein erklären. Wirkung entfalten sie erst, wenn sie über politische Mechanismen in den gesamtstaatlichen Willensbildungs- und Entscheidungsprozess eingespeist werden. Einer dieser Mechanismen ist der Parteienwettbewerb um Wählerstimmen, andere liegen im Eigeninteresse und in den sozialpolitischen Ambitionen der Sozialverbände, der Gewerkschaften, der sozialstaatlichen Ministerialbürokratie und der Sozialstaatsverwaltung. Von seinem Verfassungsauftrag profitiert der Sozialstaat ebenfalls: Zwar enthält das Grundgesetz dem Wortlaut nach kein Sozialstaatsprinzip, doch verpflichtet es den Gesetzgeber dazu, das «soziale Staatsziel»[20] anzustreben.

Zudem ist das Kalkül, durch Sozialpolitik Legitimität, d.h. Anerkennungswürdigkeit und faktische Anerkennung von Herrschaft, zu gewinnen, eine Schubkraft des Sozialstaats. Besonders groß ist diese Kraft in der Demokratie. Diese ergänzt die traditionelle Sozialpolitik «von oben» um die «von unten»: Die Demokratie fördert sozialpolitische Anliegen allein schon dadurch, dass in ihr alle erwachsenen Staatsbürger wahlberechtigt sind. Das allgemeine Wahlrecht verleiht folglich auch der großen Masse der «Habenichtse» politische Macht: den relativ Armen, denjenigen, die weder Sozialabgaben noch Steuern zahlen, und allen anderen, die von der Sozialpolitik eher Vor- als Nachteile erwarten. Zudem können meist nur jene Parteien die Wahlen in einer sozialstaatlichen Demokratie gewinnen, die die Mehrheit der Sozialstaatsklientel auf ihre Seite bringen. Ferner wird die Sozialpolitik vom Zeittakt der Demokratie begünstigt. Regelmäßig stattfindende Wahlen – ein beinahe dauerhafter Wahlkampf infolge einer großen Zahl von bundespolitisch wichtigen Landtagswahlen – zwingen die Regierenden in Deutschland dazu, kurzfristig vorzeigbare Erfolge anzustreben. Dafür bietet sich die Sozialpolitik geradezu an. Sie ist gut sichtbar, hat eine flächendeckende Ausstrahlung und eignet sich zur Werbung von Bündnispartnern, Gefolgschaft und Wählern besser als viele andere Politikfelder.

Ohne die sozialstaatsfreundliche Parteienlandschaft lässt sich der deutsche Sozialstaat von heute allerdings nicht verstehen.

Hierzulande existiert nicht nur eine große Sozialstaatspartei, hierzulande konkurrieren zwei große Sozialstaatsparteien – die CDU/CSU und die SPD –, die seit der Wiedervereinigung überdies von der Partei Die Linke, der früheren PDS, die für einen besonders starken Sozialinterventionismus wirbt, flankiert werden. Der Unterschied zur Parteienlandschaft der angloamerikanischen Demokratien könnte kaum größer sein. Denn dort konkurrieren nicht zwei Sozialstaatsparteien, sondern eine sozialpolitikfreundlichere Partei, wie die *Democratic Party* in den USA oder die *Labour Party* in Großbritannien, und eine große konservative, marktwirtschaftsfreundliche Partei wie die *Republican Party* der USA und die britische *Conservative Party*.

Zur sozialstaatsfreundlichen Parteienlandschaft in Deutschland gehört eine Wählerschaft, die sicherheitsorientiert ist. Zudem ist die Sozialstaatsklientel mit 40 Prozent der Wahlberechtigten ein günstig platzierter einflussreicher Machtblock: Sein Zentrum liegt in der Mitte zwischen den beiden großen Sozialstaatsparteien, und zu ihm gehört der – potenziell wahlentscheidende – Medianwähler.[21]

Nicht zuletzt kommen die Machtressourcen einflussreicher Wirtschaftsverbände dem Sozialstaat zugute. Der Schlüssel dafür liegt in der Finanzierung eines beträchtlichen Teils der Sozialpolitik aus Sozialbeiträgen: Das ist die Grundlage für die Einbindung der Gewerkschaften und der Arbeitgeberverbände in die mittelbare Staatsverwaltung der Sozialversicherung. Diese Einbindung stärkt den Korporatismus, das in Deutschland verbreitete Zusammenwirken von Staat, Gewerkschaften und Wirtschaftsverbänden, das meist ein weiterer Motor der sozialstaatlichen Daseinsvorsorge ist.

Bundesstaat und Sozialstaat stehen in einem komplizierten Wechselverhältnis. Der Föderalismus hemmt die Staatstätigkeit im Allgemeinen und die Sozialpolitik im Besonderen, so heißt es einer Überzeugung zufolge, die in den englischsprachigen Ländern weit verbreitet ist. In Deutschland ist das anders: Sein Föderalismus ist für Sozialpolitik durchlässig. Verantwortlich dafür sind die zwei großen Sozialstaatsparteien, die Popularität der Sozialpolitik und die vorrangige Finanzierung des Sozialstaats aus Sozialbeiträgen. Diese schont den Bundeshaushalt und die Haushalte der Länder. Allerdings wirken der Föderalismus und im Besonderen der Bundesrat asymmetrisch auf die Sozialpolitik. Dem Ausbau der Sozialpolitik stehen beide zwar nicht im Wege, wohl aber nicht selten dessen Um- und Abbau. Unterschiedliche parteipolitische Mehrheiten im Bundestag und Bundesrat verkomplizieren allerdings das Gesetzgebungsverfahren. Denn in diesem Fall kann die Opposition über die ihr parteipolitisch nahestehenden Landesregierungen im Bundesrat mitregieren. Dass der Bundesrat sozialpolitische Umbau- und Rückbauvorhaben erschweren, mitunter blockieren kann, hat seinen tieferen Grund auch in den Interessen der finanzschwächeren Bundesländer. Diese führen die Mehrheit der Stimmen im Bundesrat. Aufgrund ihrer Budgetnöte neigen die finanzschwächeren Länder dazu, jene Einsparungen abzuwehren, die die Finanzierungslasten von den Sozialversicherungen und vom Bundeshaushalt auf die Länder oder die Kommunen abwälzen würden. Das wäre bei Kürzungen in den Sozialversicherungen gegeben, sofern diese eine verstärkte Inanspruchnahme von Sozialprogrammen, an deren Finanzierung die Länder oder ihre Kommunen beteiligt sind, wie Sozialhilfe, Arbeitslosengeld II und Sozialgeld, nach sich zögen.

Schlussendlich trägt das Politikerbe zur Erklärung des deutschen Sozialstaats bei. Die Gesetzgeber treffen Entscheidungen über Materien, die von früheren politischen Entscheidungen und deren Haupt- und Nebenwirkungen zutiefst geprägt sind. Insoweit sind Gesetzgeber hauptsächlich Politikerben und erst in zweiter Linie Politikgestalter. Nicht selten finden sie sich auch mit Pfadabhängigkeit konfrontiert. Im Falle der Pfadabhängigkeit dominieren althergebrachte Lösungsschemata die Problemlösungssuche in der Gegenwart, selbst wenn die Lösungsverfahren nicht mehr zeitgemäß oder gänzlich unproduktiv sind. Meist sprechen hohe Umstellungskosten dafür, früher eingeschlagene Wege der Problemlösung beizubehalten, selbst wenn die Alternativen technisch leistungsstärker sind. Etliche Beobachter behaupten, dass Deutschlands Sozialpolitik besonders pfadabhängig sei. Als Belege gelten etwa Beharrungstendenzen des «Sozialversicherungsstaates». Das Paradebeispiel ist die Organisierung der Pflegeversicherung unter dem Dach der gesetzlichen Krankenversicherung und ihre überwiegende Finanzierung aus Sozialbeiträgen – obwohl alternative Formate und Finanzierungsweisen vorstellbar waren, beispielsweise eine kapitalmarktbasierte Pflegeversicherung.

Aber auch die Pfadabhängigkeit hat ihre Grenzen. Die Sozialversicherungen sind keine Konstanten, sondern veränderliche Größen. Der weite Mantel der Sozialversicherung umhüllt pfadtreue und pfadabweichende Problemlösungen. Man nehme die gesetzliche Renten- und Krankenversicherung: Was im Deutschen Kaiserreich zunächst nur Versicherung für einen Teil der Arbeiter war, wandelte sich zu Sozialversicherungen für alle Arbeiter und alle Angestellten und entpuppte sich später als eine auch nichterwerbstätige Familienangehörige umfassende Schutzgemeinschaft mit fließenden Übergängen zur Staatsbürgerversicherung.

Internationale Konstellationen beeinflussen die deutsche Sozialpolitik ebenfalls, beispielsweise durch Lernen von anderen Staaten, Nachahmung und andere Diffusionsvorgänge. Europäisierung und Globalisierung vergrößern den internationalen Einfluss. Darüber berichten das 5. und das 6. Kapitel dieses Buches. Zudem gibt es Hinweise auf deutschlandspezifische Muster externer Beeinflussung der Sozialpolitik. Deutschlands Spaltung in West- und Ostdeutschland setzte mit der Konkurrenz zwischen dem demokratischen, marktwirtschaftlichen Westen und dem autokratischen, kommunistischen Osten einen Sozialpolitikwettlauf in Gang, bei dem der Gegner durch höhere Leistung übertroffen werden sollte. So lautet eine These, die teils unterstützt, teils entkräftet wurde. Zweifelsohne aber wollte die sozialistische DDR mit ihrer Sozialpolitik den Westen Deutschlands übertreffen. Dass dies misslang, zeigt das nächste Kapitel. Aber auch die westdeutsche Politik hatte den Ost-West-Konflikt im Blick – und den Ostteil des geteilten Deutschlands: Die Bundesrepublik Deutschland sollte für die Bürger der DDR so attraktiv wie nur irgend möglich gemacht werden. Dafür eignete sich nicht zuletzt der Sozialstaat.

IV. Der Fall der «sozialistischen Sozialpolitik»: die DDR (1949–1990)

Sozialpolitik schrieb man nicht nur im Westen des geteilten Deutschlands groß, sondern auch im Osten, in der von der Sozialistischen Einheitspartei Deutschlands (SED) beherrschten Deutschen Demokratischen Republik. Die politische Führung der DDR errichtete einen Sozialstaat eigener Art: den der «sozialistischen Sozialpolitik», so die Selbstbeschreibung. Er umfasste sechs Schichten: das Recht auf Arbeit, eine autoritäre Arbeitsverfassung, Sozialversicherungen, Sozialprogramme für Anliegen jenseits der Erwerbstätigkeit, die betriebliche Sozialpolitik und privilegierende Zusatz- und Sonderversorgungssysteme für politisch besonders umworbene Gruppen.[1]

Die sechs Schichten der DDR-Sozialpolitik

Die erste Schicht der «sozialistischen Sozialpolitik» war das «Recht auf Arbeit». Verwirklicht wurde es durch die Garantie eines Arbeitsplatzes für den Großteil der Bevölkerung im erwerbsfähigen Alter einerseits und Mindestlohnvorschriften andererseits. Das Recht auf Arbeit und ein existenzsicherndes Arbeitseinkommen sollten das Fundament aller weiteren Schichten der Sozialpolitik sein. Wirtschaftspolitisch basierte das Recht auf Arbeit auf einer zentral gelenkten Planwirtschaft, arbeitsrechtlich auf rigidem Kündigungsschutz und betriebswirtschaftlich auf der für sozialistische Wirtschaftssysteme typischen «weichen Budgetschranke»[2]: Mit ihr garantierte der Staat den Betrieben das wirtschaftliche Überleben auch bei chronischem Verlustgeschäft. Die «weiche Budgetschranke» setzte sich hauptsächlich aus Subventionen, Steuererleichterungen, günstigen Krediten und anderen wirtschaftlichen Hilfen zusammen.

Eine autoritäre Arbeitsverfassung bildete die zweite Schicht der DDR-Sozialpolitik. Ihr institutioneller Kern bestand aus einem SED-dominierten Verbund von Staatspartei, Staatsapparat und dem Freien Deutschen Gewerkschaftsbund (FDGB), einem SED-hörigen Kontroll- und Betreuungsapparat. Ein autoritärer SED-gelenkter Korporatismus, mitunter auch nur die hierarchische Steuerung durch die SED-Führung, regelte die Schlüsselentscheidungen in den Arbeitsbeziehungen. Das galt auch für die Grundzüge der Lohnpolitik. Anreizsysteme, insbesondere betriebliche Zulagen und betriebliche Sozialleistungen, ergänzten die ansonsten auf Nivellierung ausgerichtete Lohnpolitik.

Bei der Alterssicherung und im Gesundheitswesen knüpfte die DDR-Sozialpolitik an Traditionen der deutschen Sozialversicherung an. Das war ihre dritte Schicht. Organisatorisch umfasste sie die als Einheitsversicherungen organisierte Sozialversicherung der Arbeiter und Angestellten und die Sozialversicherung bei der Staatlichen Versicherung der DDR. Letztere war die Sozialversicherung der Selbständigen, der Bauern und der Handwerker.[3] Die Sozialversicherungen wurden teils vor, teils nach Gründung der DDR vereinheitlicht, zentralisiert, staatslastiger ausgerichtet und mit neuen Steuerungsstrukturen versehen. 1956 übertrug die Partei- und Staatsspitze die Verwaltung der Sozialversicherung der Arbeiter und Angestellten auf den FDGB.

Sozialpolitische Programme im Reproduktionsbereich formten die vierte Schicht des DDR-Sozialstaats: Familien- und Frauenförderung, umfängliche Preissubventionierung von Gütern und Dienstleistungen des Grundbedarfs und, seit den frühen 1970er Jahren, die Wohnungspolitik waren ihre Hauptposten.

Die fünfte Schicht der DDR-Sozialpolitik bestand aus einer weit ausgebauten betrieblichen Sozialpolitik. Die Betriebe waren ökonomisch und in sozialer Hinsicht für die Arbeitsgesellschaft der DDR ein zentraler Faktor und zugleich der Ort, an dem das Recht auf Arbeit umgesetzt wurde. Zudem fungierte die betriebliche Sozialpolitik als vielseitiger, häufig unersetzlicher Lückenfüller in der alltäglichen Daseinsvorsorge – von der Kinderbetreuung über ansonsten kaum zugängliche Dienstleistungen und Waren bis zur Bereitstellung von Wohnraum.

Sozialpolitisches Zuckerbrot für politisch besonders umworbene Stände lieferte die sechste Schicht der DDR-Sozialpolitik: 63 Zusatz- und vier Sonderversorgungssysteme für rund vier Prozent der Bevölkerung besserten insbesondere die geringen Altersrenten beträchtlich auf. Hinzu kamen spezielle Sozialleistungen, unter ihnen «Ehrenpensionen», für Gruppen, die ideologisch als besonders belohnungswürdig galten, wie die «Kämpfer gegen den Faschismus», die «Verfolgten des Nazi-Regimes» und die Mitglieder der «Kampfgruppen der Arbeiterklasse».

Regimespezifika der «sozialistischen Sozialpolitik»

Die «sozialistische Sozialpolitik» griff nicht nur tief in die Lebenswelt der Bürger ein. Sie intervenierte auch viel stärker in den Produktionsbereich und in die Lenkung der Betriebe als die Sozialpolitik in westlichen Ländern. Anstelle von Externalisierung – im Sinne der Entlastung der Betriebe von sozialpolitischen Aufgaben wie im Westen – setzte die DDR-Sozialpolitik auf Internalisierung. Sozialpolitische Aufgaben wurden nicht aus den Betrieben ausgelagert, um diese wirtschaftlich leistungsfähiger zu machen, sondern in die Betriebe verlagert. Der wichtigste Internalisierungsmechanismus war der Vollzug des Rechts auf Arbeit. Mit ihm sorgte der SED-Staat für ein populäres Gut: die Sicherheit eines Arbeitsplatzes. Ohne die große Arbeitsnachfrage und ein knappes Arbeitskräfteangebot wäre die Vollbeschäftigung allerdings kaum realisierbar gewesen. Beides aber war gegeben – aufgrund der niedrigen Produktivität der DDR-Wirtschaft, die 1989 ungefähr einem Drittel der Produktivität der westdeutschen Wirtschaft entsprach, und der Abwanderung von rund drei Millionen Bürgern in den Westen Deutschlands. Für das Recht auf Arbeit war allerdings ein hoher Preis zu entrichten, nämlich die Überfrachtung der Betriebe mit Sozialpolitik und die Überbesetzung von Arbeitsplätzen sowie die Schwächung der Arbeitsdisziplin, die alle mitverantwortlich für die mäßige gesamtwirtschaftliche Produktivität waren.

Regimespezifika markierten auch den Willensbildungs- und Entscheidungsprozess der DDR-Sozialpolitik. Das bezeugt der große Handlungsspielraum der Partei- und Staatsführung und ihres Entscheidungszentrums, des Politbüros und des Sekretariats des SED-Zentralkomitees. Keine nennenswerten Sicherungen oder Gegenkräfte nach Art der Gewaltenteilung oder der Kontrolle der Regierung durch Opposition standen der DDR-Führung im Wege, auch nicht das Recht. Es blieb der Politik untergeordnet. Vetopositionen oder Akteure mit Einspruchsrecht, sogenannte Vetospieler, waren ebenfalls nicht in Sicht – mit Ausnahme der Sowjetunion. Und von einer autonomen Sozial- und Verwaltungsgerichtsbarkeit war nichts zu sehen, geschweige denn von einer Verfassungsgerichtsbarkeit.

Der Willensbildungs- und Entscheidungsprozess der DDR-Sozialpolitik blieb allerdings hochgradig fragmentiert. Ihm fehlte eine ordnende Hand. Die politisch-administrative Steuerung der Sozialpolitik oblag nicht einem Ministerium, sondern vielen Ministerien und Parteigremien. Hauptzuständig waren der Generalsekretär des Zentralkomitees der SED, ein kleiner Kreis von Mitgliedern des Politbüros, insbesondere das für die Wirtschaftspolitik zuständige Mitglied, sowie verschiedene Abteilungen des Zentralkomitees. Doch auch auf der Ebene der Zentralkomitee-Sekretariate existierte kein eigenständiges Sekretariat für Sozialpolitik, bei dem alle Fäden dieses Politikfeldes zusammengelaufen wären. Und selbst in dem für die Wirtschaftspolitik zuständigen Sekretariat war die Abteilung für Sozialpolitik eine von acht Abteilungen, wobei obendrein die wechselseitige Abschottung eine abteilungsübergreifende Vernetzung weitgehend verhinderte.

Die politisch-administrative Zersplitterung der DDR-Sozialpolitik und das Fehlen von Widerlagern und Vetospielern war mit hohen Kosten verbunden: vor allem einer segmentierten Problemsicht, entsprechend verkürzten Problemtherapien und dem Fehlen wirkungsvoller Frühwarnsysteme. Auf der Strecke blieben in der Regel segmentübergreifende Probleme und die Diagnose und Therapie schwerer Spannungen zwischen ehrgeiziger Sozialpolitik und Wirtschaftskraft.

Leistungen und Leistungslücken

Der Propaganda des SED-Staates zufolge war die sozialistische Sozialpolitik ein voller Erfolg: «Unser Volk hat auf Grund der Entwicklung der Produktivkräfte und der sozialistischen Produktionsverhältnisse einen Lebensstand erzielt wie noch nie in seiner Geschichte. Arbeitslosigkeit ist für uns ein Begriff aus einer anderen fremden Welt. Gewährleistet sind uns soziale Sicherheit, Vollbeschäftigung, gleiche Bildungschancen für alle Kinder des Volkes»[4]. Dieses Zitat aus Honeckers Rede auf dem XI. Parteitag der SED in Berlin 1986, eine Mischung aus Beschreibung, Beschönigung und Propaganda, steht für zahllose Erfolgsmeldungen.

Zweifellos aber wurde die Sozialpolitik in der DDR weit ausgebaut. Sie schuf eine Basissicherung von der Wiege bis zur Bahre für fast alle Staatsbürger. Allerdings war die Höhe der Leistungen bescheiden. Das sozialpolitisch anvisierte Versorgungsniveau entsprach ungefähr dem Lebensstandard eines deutschen Arbeiterhaushaltes am Vorabend des Zweiten Weltkrieges. Das schloss relative Armut erheblichen Umfangs ein: Schätzungsweise zehn Prozent aller Haushalte und 45 Prozent aller Rentnerhaushalte der DDR verfügten am Ende der 1980er Jahre über ein Einkommen von weniger als 50 Prozent des durchschnittlichen Haushaltseinkommens.[5]

Das Recht auf Arbeit war das Prunkstück der DDR-Sozialpolitik. Wer wenig hatte, und das waren in der DDR viele, der wusste auch die Grundsicherung durch Preissubventionen zu schätzen. Die Gesundheitsdienstleistungen wurden ebenfalls gerne angenommen. Doch kaum einer konnte die Schwächen des Gesundheitswesens im «Arbeiter- und Bauernstaat» übersehen. Die Zerstörung bürgerlicher Existenzen durch den Aufbau des Sozialismus veranlasste allein bis 1961 rund 7500 Mediziner zur Abwanderung in den Westen Deutschlands. Und bei aller Wertschätzung der medizinischen Basisversorgung gab die vielfach mangelhafte Ausstattung des Gesundheitswesens Anlass für zahllose Klagen: Überfällige Gebäudesanierung und das Fehlen notwendiger medizinischer Mittel zeugten ebenso von

Missständen wie die aufgrund der mangelhaften Diagnostik und Therapie – im Vergleich zur Bundesrepublik – viel höhere Sterberate an heilbaren Krankheiten. Die Lebenserwartung sprach ebenfalls gegen das DDR-Gesundheitswesen: Während sie in der Bundesrepublik Deutschland, wie in allen westlichen Ländern, anstieg, nahm sie in der DDR seit Anfang der 1980er Jahre im Trend ab.

Unterschiedliche Würdigungen wurden der Wohnungspolitik zuteil. Diese war unter Erich Honecker, dem SED-Parteichef von 1971 bis 1989, zu einem Hauptanliegen der DDR-Sozialpolitik erklärt worden. Zur Lösung der Wohnungsfrage sollte sie dienen. Dafür legte die DDR-Führung ein umfängliches Wohnungsbauprogramm auf. Am Ende haben der Wohnungsbau und der Wohnungsbestand die Ziele der Planung und die Zahlen der Propaganda nicht erreicht. Überdies ging der Bau neuer Wohnungen mit dem Verzicht auf Reparatur und Sanierung des Altwohnungsbestandes einher, was vielerorts ganze Stadtviertel verfallen ließ und Anlass zur Kritik bot: «Einverstanden mit Ruinen und der Zukunft zugewandt» sei die Wohnungspolitik, spotteten manche in Anspielung auf den ersten Satz der Nationalhymne der DDR.[6]

Besser bewertet wurde die Familienpolitik. Die DDR-Führung hatte die Familienpolitik vor allem seit Mitte der 1960er Jahre ausgebaut. Sie wollte damit das Arbeitskräftepotenzial mobilisieren und Geburten fördern. Zum Mutterschaftsurlaub und zum Kindergeld kam eine Vielzahl von familien- und kinderorientierten Sozialleistungen hinzu. Das schloss die rentenversicherungsrechtliche Anrechnung von Kindererziehungszeiten ebenso ein wie Mietzuschüsse und vorrangige Wohnraumversorgung für Familien sowie arbeitszeitpolitische Erleichterungen für erwerbstätige Mütter und alleinerziehende Väter. Die Familienpolitik erleichterte vielen Frauen in der DDR die Berufstätigkeit, änderte aber wenig an der Geschlechterordnung. Die traditionelle Arbeitsteilung zwischen Frau und Mann blieb im Wesentlichen unverändert. Zur Belastung durch Familienarbeit kam für die meisten Frauen somit die Belastung durch Berufstätigkeit hinzu.

Auf Beifall und Widerspruch stieß die Preissubventionspolitik. Beifall spendete, wer die Grundsicherung schätzte, zu der die Preissubventionierung von Gütern und Dienstleistungen des täglichen Bedarfs beitrug und so den ärmeren Teil der Bevölkerung vor Verelendung bewahrte. Ihre Kehrseite waren ineffiziente Verwendung der Subventionen und Verschwendung. Wer wollte, konnte das unschwer am übermäßigen Energieverbrauch in den Mietwohnungen oder an der Verfütterung von Brot an Tiere ablesen. Der tiefere Sinn der Preissubventionierung war allerdings politischer Art. Laut DDR-Führung wirkte sie integrativ. Die Preissubventionierung sorgt für ein «Klima der sozialen Sicherheit und Geborgenheit», erläuterte Honecker diese Grundidee auf der Tagung des SED-Zentralkomitees vom 20. Juni 1985. Mehr noch: Preissubventionierung galt als Krisenverhütungspolitik. Honeckers Standpunkt sei immer der gewesen, so berichtete Gerhard Schürer, langjähriger Chef der Staatlichen Plankommission der DDR, dass «alle politischen Schwierigkeiten in anderen sozialistischen Ländern mit der Erhöhung von Einzelhandelspreisen begonnen hatten, und die DDR ihren guten Weg nicht durch solche ‹Dummheiten› aufs Spiel setzen darf»[7].

Zur Krisenverhütung trug auch die betriebliche Sozialpolitik bei. Sie machte aus den Betrieben, insbesondere den Großbetrieben, Einrichtungen, die, neben ihren ökonomischen und beschäftigungspolitischen Hauptfunktionen, allseits begehrte Dienstleistungen und Güter verteilten. Kenner der Materie werteten die betriebliche Sozialpolitik als einen der wirksamsten Stabilisierungsfaktoren der DDR. Allerdings fiel auch dafür ein beachtlicher Preis an: Die Adressaten deuteten die betriebliche Sozialpolitik alsbald als Gewohnheitsrecht, nicht als Ansporn für zusätzliche Leistungen. Und die umfängliche Sozialpolitik belastete die Betriebe in noch größerem Maße mit wirtschaftsfremden Angelegenheiten.

Der hohe Stellenwert der betrieblichen Sozialpolitik verweist auf einen Grundzug der DDR: Sie war gewissermaßen ein «Wohlfahrts- und Arbeitsstaat»[8], der auf Produktionsförderung zielte und für die sozialistische «Arbeitsgesellschaft» mobilisieren sollte.[9] Zugute kam die DDR-Sozialpolitik deshalb vor allem wirtschaftlich und bevölkerungspolitisch wichtigen Gruppen: den «Werktätigen», den noch nicht Werktätigen im erwerbsfähigen Alter sowie den Familien mit Kindern und den Alleinerziehenden als Hauptadressaten einer zugleich geburten- und beschäftigungsfördernden Politik.

Die Kehrseite war diese: Die DDR-Sozialpolitik vernachlässigte Gruppen und Probleme jenseits des Produktionsbereichs und der Bevölkerungspolitik. Die Sozialleistungen im Falle von Invalidität oder Alter blieben so gering, dass viele Rentner und Invaliden nahe an der Armutsgrenze oder unter ihr lebten. Krass benachteiligt blieben zudem weitere große Kreise, unter ihnen Fürsorgeabhängige, Pflegebedürftige und Behinderte.

Umso begehrter waren die speziellen Vergünstigungen durch Zusatz- und Sonderversorgungssysteme sowie Ehrenpensionen. Diese zeigen eine bemerkenswerte Abweichung vom propagierten Egalisierungsziel der DDR-Sozialpolitik. Bei Lichte besehen aber war diese Politik sowohl Gleichmacherei als auch politisch motivierte Bevorzugung – «Nivellierung und Privilegierung»[10].

Das verweist auf allgemeinere Einschluss- und Ausschlussregeln der DDR-Sozialpolitik. Einerseits sorgte sie für die lebenslange Grundsicherung nahezu aller Staatsbürger. Andererseits gehörten Begünstigung und Benachteiligung sowie Zwang und Exklusion politisch Missliebiger zu ihr. Als Grundsatz galt: «Fürsorge für den gehorsamen Untertanen»[11]. Wer aber der Gegnerschaft zur SED oder zum SED-Staat insgesamt verdächtigt wurde oder wer sich als Ausreisewilliger geoutet hatte, gehörte in der Regel zu den Ausgegrenzten. Ihnen drohte die Zermürbung in dem großen Überwachungs- und Repressionsapparat, der die DDR-Sozialpolitik flankierte. Sicherheitspolitisch war die DDR ein Sozialstaat der autoritären Art und ein Polizeistaat.

Legitimitätsprobleme

Die DDR-Führung strebte mit der Sozialpolitik nicht nur nach Sozialschutz. Sie wollte mit ihr auch um Gefolgschaft werben, Bündnisgenossen gewinnen und ihre Herrschaft legitimieren.

Angesichts der strukturellen Legitimationsschwäche des SED-Staates war dieses Anliegen zentral. Der politischen Führung des SED-Staates mangelte es an Legitimitätsglauben der Bevölkerung. Ihr und den Bürgern fehlten anerkennungswürdige Verfahren des Machterwerbs, der Machtausübung und der Machtkontrolle. Zudem konnte die DDR-Führung weder auf einen traditional begründeten Legitimitätsglauben ihrer Staatsbürger zählen noch auf charismatische Herrschaft. Obendrein war eine belastbare Legitimierung durch wirtschaftlichen Erfolg in weiter Ferne. Dem stand allein der ungünstige Vergleich mit dem wirtschafts- und konsumstärkeren Westen entgegen. Auch gegen diesen Mangel an leistungsbezogener Legitimität sollte die Sozialpolitik ankämpfen. Von ihr hatte die Partei- und Staatsspitze der DDR zudem größten wirtschaftlichen Nutzen erhofft: Die Sozialpolitik sollte die Arbeitsbereitschaft der Werktätigen anspornen und hierdurch die Arbeitsproduktivität steigern, somit die Leistungskraft der DDR-Wirtschaft erhöhen und auf diese Weise den Bestand und den weiteren Ausbau der Sozialleistungen finanzieren. Diese Hoffnung schrieb die DDR-Führung in der Formel von der «Einheit von Wirtschafts- und Sozialpolitik» nieder, die von 1976 bis zum Ende der DDR zur unumstößlichen Programmatik der SED zählte.

Der Großteil der politischen Führungsschicht in der DDR wiegte sich im Glauben, die «Einheit von Wirtschaft- und Sozialpolitik» sei erreicht oder würde in Kürze erlangt und wirke legitimierend. Die DDR-Forschung im Westen neigte ebenfalls lange zu der These, die DDR-Sozialpolitik habe den SED-Staat stabilisiert und habe zumindest zeitweise als die wichtigste Legitimationsstütze gewirkt. Die stärkste Legitimierungskraft schrieb man dem Recht auf Arbeit zu. Zu Recht. Tiefenscharfe Untersuchungen betonen allerdings zugleich die Legitimierungsgrenzen der DDR-Sozialpolitik. Sie wirkte widersprüchlich. Teils wurde ihr Anerkennung zuteil, teils rief sie Protest hervor, teils erzeugte sie Apathie. Deshalb müssen Legitimierung *und* Entlegitimierung bedacht werden. Der Großteil der DDR-Bürger schätzte die «sozialen Errungenschaften» wie Vollbeschäftigung und Grundversorgung. Viel Anklang fand die Sozialpolitik zudem bei den Adressaten der Zusatz- und Sonderversorgungssysteme. Ansonsten aber stützte die Sozialpolitik die Herrschaft im SED-Staat weniger als von der Staats- und Parteiführung erhofft. Dafür mitverantwortlich waren offensichtliche Leistungsmängel. Von ihnen zeugt allein die hohe Zahl der Eingaben zur Sozialpolitik. Eingaben – Vorschläge, Hinweise, Anliegen oder Beschwerden an die Adresse von Volksvertretungen, Abgeordneten oder staatlichen und wirtschaftlichen Organen – galten in der DDR als legale und legitime Formen der Interessenäußerung. Arbeits- und Lebensbedingungen wurden in den Eingaben besonders häufig beanstandet, ebenso die Wohnraumversorgung. Massive Unzufriedenheit rief überdies die Alterssicherung mit ihren meist niedrigen Altersrenten hervor. Das zählte viel, denn die Alterung der Bevölkerung war in der DDR weit fortgeschritten.

Zudem schrumpfte die «Bindekraft»[12] der Sozialpolitik. Den Eingaben zufolge bröckelte in den 1980er Jahren der Glaube an die Stimmigkeit der SED-offiziellen Darstellung einer erfolgreichen Sozialpolitik. Vielerlei war für diese Erosion verantwortlich. Die Sozialpolitik befriedigte Elementarbedürfnisse, doch stillte sie nicht den Bedarf an gehobenen Gütern und Dienstleistungen. Auch wurden mit zunehmendem Alter des DDR-Sozialismus die Maßstäbe strenger, an denen er gemessen wurde. Dass Versorgungsmängel selbst im dritten und vierten Jahrzehnt der DDR tagtäglich vorkamen, war für die meisten Bürger der DDR schwer begreifbar. Zudem sah sich die Sozialpolitik einem größeren Legitimationsbedarf gegenüber, den sie durch die Aufwertung des Sozialschutzgedankens seit dem Machtwechsel von Ulbricht zu Honecker im Jahr 1971 hervorgebracht hatte. Eine große Mehrheit der Bevölkerung wertete die Sozialleistungen zunehmend als Selbstverständlichkeit, deutete sie als Teil des gerechten Lohnes und nicht als Anlass für besondere Anerkennung. Überdies wusste jedermann um die Achillesferse des DDR-Sozialismus: Im innerdeutschen Vergleich von Wohlstand und Konsumchancen entpuppten sich die «Errungenschaften» des Sozialismus, einschließlich der Sozialleistungen, als mittelmäßig, nicht selten als unzureichend. Vor diesem Rückstand schrumpften die «Errungenschaften» zu Wohltaten, welche die große Mehrheit der DDR-Bürger annahm – und doch bei der ersten Gelegenheit gegen die ersehnte volle Teilhabe an den Gütern der Bundesrepublik Deutschland eintauschte. Honecker hatte sich mit seiner Stabilisierungsformel – «Die Leute brauchen billiges Brot, eine trockene Wohnung und Arbeit. Wenn diese drei Dinge stimmen, kann dem Sozialismus nichts passieren»[13] – gründlich geirrt.

Überlastung der Wirtschaft durch Sozialpolitik

Die Sozialpolitik der DDR sollte, so hofften ihre Architekten, einen Tugendkreislauf in Gang bringen. Doch diese Hoffnung trog: Anstelle der «Einheit von Wirtschafts- und Sozialpolitik» wuchs die Spannung zwischen der Sozialpolitik und der Wirtschaftskraft bis zur Überlastung der Ökonomie. Gewiss: Die Überlastung der DDR-Wirtschaft hatte viele Ursachen, allen voran ihre systemischen Schwächen, insbesondere das Fehlen von Marktmechanismen, die Innovationsschwäche, die niedrige Arbeitsproduktivität und die eingangs erwähnte «weiche Budgetschranke». Auch die Sozialpolitik trug maßgeblich zur Überforderung der Wirtschaft bei. Die Gesamtlast der Sozialpolitik verminderte den ökonomischen Handlungsspielraum der Betriebe, verknappte den Fonds für Investitionsmittel und war der Arbeitsproduktivität nicht dienlich. Zudem vergrößerte sie den Bedarf an «weichen Budgetschranken» und einer entsprechend kostspieligen, ineffizienten Planungspolitik. Wie sehr die Sozialpolitik zur Überlastung der Wirtschaft beigetragen hatte, zeigte besonders eindrucksvoll die Vorlage des Vorsitzenden der Staatlichen Plankommission der DDR, Gerhard Schürer, für das Politbüro am 31. Oktober 1989. Schürers Dokument enthielt den folgenschweren Satz: «Es wurde mehr verbraucht, als aus eigener Produktion erwirtschaftet wurde». Und Schürer legte ferner dar, dass die Sozialpolitik seit dem VIII. Parteitag der SED von 1971 «nicht in vollem Umfang auf eigenen Leistungen beruht, sondern zu einer wachsenden Verschuldung im NSW (dem nichtsozialistischen Wirtschaftsgebiet – der Verf.) führte»[14].

Schürers Bild der desaströsen wirtschaftlichen Lage der DDR gipfelte in dem viel zitierten Satz: «Allein ein Stoppen der Verschuldung würde im Jahr 1990 eine Senkung des Lebensstandards um 25 bis 30 % erfordern und die DDR unregierbar machen».[15] Die ersehnte «Einheit von Wirtschafts- und Sozialpolitik» war in weite Ferne gerückt. Und in der DDR war nichts in Sicht, was diese Einheit hätte verwirklichen können.

Politische Ursachen des Zielkonflikts von Sozialpolitik und Wirtschaftskraft

Warum hörte die DDR-Führung nicht auf jene Fachleute der Staatlichen Plankommission, die schon seit den 1970er Jahren, als die Sozialpolitik nach dem Machtwechsel von Ulbricht zu Honecker massiv ausgebaut wurde, davor gewarnt hatten, den Konflikt zwischen Sozial- und Wirtschaftspolitik weiter zu schüren und mehr zu verbrauchen, als erwirtschaftet wurde? Warum behielt die DDR-Führung ihren Kurs auch dann noch bei, als der Zielkonflikt zwischen Sozialpolitik und wirtschaftlicher Leistungskraft immer bedrohlicher und seine Kosten immer sichtbarer wurden? Warum schreckte sie vor einem radikalen Rückschnitt in der Sozialpolitik zurück, obwohl sie doch an vielen anderen Stellen die Interessen der DDR-Bürger mit Füßen trat?

Ein extrem steuerungsoptimistisches Weltbild bestärkte die DDR-Führung in ihrem Festhalten am sozialpolitischen Kurs. Man wähnte sich auf den Kommandohöhen von Staat und Wirtschaft. Von dort aus schien die Steuerungsfähigkeit der Politik ungebrochen. Gleiches unterstellte man für die Steuerbarkeit und Belastbarkeit der sozialistischen Wirtschaft.

Wirkungsmächtig war auch das Politik- und Programmerbe der SED. Programmatisch verstand sich die SED als Partei der kommunistischen Arbeiterbewegung, als Vollstrecker einer geschichtlichen Mission. Deren Fernziel verhieß eine Gesellschaft ohne Not und mit einem Höchstmaß an Produktivkraftentfaltung. Von diesen Verheißungen durch massive Einschnitte in die Sozial- und die Lohnpolitik abzugehen, womöglich nur wegen

Verschuldung beim «Klassenfeind» im Westen, kam für einen überzeugten Marxisten-Leninisten nicht in Frage.

Der Blick über die Grenzen der DDR und der lange Schatten des 17. Juni 1953 bestärkten die SED-Führung in dieser Sicht. Kürzungen von Löhnen und Sozialleistungen hatten 1953 in der DDR und später in anderen sozialistischen Staaten schwere politische Krisen hervorgerufen. War es nicht in Polen zu Unruhen gekommen, die infolge von Lebensmittelpreiserhöhungen im Dezember 1970 eskalierten und zur Ablösung des Parteichefs der Polnischen Kommunistischen Partei, Wladyslaw Gomulka, durch Edward Gierek führten? Und hatte nicht Gierek, im Gegensatz zu seinem Vorgänger, der Bevölkerung alsbald sozialpolitische Zugeständnisse gemacht? Mit der Sprengkraft von lohn- und sozialpolitischen Kürzungen war die SED-Führung seit den landesweiten Aufständen vom 17. Juli 1953 ohnehin vertraut. Man könne «nie gegen die Arbeiter regieren»[16] – so lautete seither Honeckers Maxime. Lohnkürzungen waren seit dem 17. Juni 1953 tabu. Gleiches galt für Sozialleistungen, selbst wenn diese ein Grundproblem der DDR-Ökonomie vergrößern sollten: Es wurde viel «mehr verbraucht als erwirtschaftet»[17]. Gegen dieses Missverhältnis war – unter den in der DDR herrschenden politischen und wirtschaftlichen Bedingungen – keine systemimmanente Abhilfe in Sicht. Die Abhilfe kam im Jahre 1990 – mit der Wirtschafts-, Währungs- und Sozialunion und der deutschen Einheit.

V. Deutschlands Sozialstaat im internationalen Vergleich

Wo steht Deutschlands Sozialstaat im internationalen Vergleich? Und was hat ihn dorthin gebracht?

Pionier und Nachzügler der Sozialgesetzgebung

Deutschland ist ein Pionierstaat der Sozialgesetzgebung. Gemessen am durchschnittlichen Gründungsjahr der Unfall-, Kranken-, Renten- und Arbeitslosenversicherung, führt Deutschland die Rangliste der Nationen an. Mit weitem Abstand finden sich auf einem der unteren Ränge die Vereinigten Staaten von Amerika, die mit Japan, Kanada und der Schweiz zu den Nachzüglern der Sozialpolitik gehören. In den USA wurde die Unfallversicherung 1908 eingeführt, in Deutschland hingegen schon 1884. Die Renten- und die Arbeitslosenversicherung folgten in Amerika 1935, in Deutschland jeweils 1889 und 1927. Eine Krankenversicherung für einen größeren Personenkreis kam in Amerika erst 1965 zustande, in Deutschland besteht sie seit 1883. Und eine Pflegeversicherung, wie in Deutschland seit 1995, ist in den USA nicht in Sicht.[1]

Mit dem Aufbau landesweiter sozialer Sicherungssysteme blieb Deutschland allerdings nicht lange allein. Andere Länder zogen bald nach, allen voran Dänemark, Belgien, Österreich und Großbritannien. Die Spätentwickler der Sozialgesetzgebung aber – wie die USA – blieben weiterhin im Hintertreffen. Und bis auf den heutigen Tag führen die US-amerikanischen Regierungen die staatliche Sozialpolitik am kürzeren Zügel als die europäischen Staaten. Doch dafür sind die freiwilligen privaten Sozialleistungen in den USA viel höher als in Europa.

Deutschland ist ein Pionier der Sozialgesetzgebung. Doch holten andere Länder auf, und manche überholten den Pionier sogar phasenweise, beispielsweise Großbritannien in den 1930er Jahren und die nordeuropäischen Staaten in den 1960er, 1970er und 1980er Jahren.[2] Im Spiegel der meisten sozialpolitischen Messlatten gehört die Bundesrepublik Deutschland aber zur Oberschicht der Sozialstaaten. Das bezeugen die absolute und die relative Größe des Sozialetats, der Umfang der sozialpolitisch erfassten Risiken, die Höhe der Sozialleistungen, die Größe der Adressatenkreise, die Architektur des Sozialstaats, seine Finanzierung und Tätigkeitsschwerpunkte sowie die von ihm bewirkte Umverteilung und Armutsbekämpfung.[3] Gemessen am Anteil der öffentlichen Sozialausgaben am Bruttoinlandsprodukt, der Sozialleistungsquote, zählt Deutschland zum Beispiel seit Jahr und Tag weltweit zu einer kleinen Spitzengruppe. Der Organisation für wirtschaftliche Zusammenarbeit und Entwicklung (OECD) zufolge liegt Deutschlands Sozialleistungsquote mit 25,2 Prozent auf Platz 6 der 34 Mitgliedstaaten der OECD – knapp hinter Frankreich, Schweden, Österreich, Belgien und Dänemark, aber weit vor Japan (18,7 Prozent), den USA (16,2 Prozent) und der Türkei (10,5 Prozent).[4]

Noch besser sichtbar wird die Größenordnung des deutschen Sozialstaats im Lichte der Nettosozialausgaben. Diese erfassen im Unterschied zu den Bruttosozialausgaben sowohl die Steuern und die Sozialabgaben auf Sozialleistungen als auch sozialpolitisch gezielte Steuererleichterungen sowie gesetzlich vorgeschriebene private und freiwillig erbrachte Sozialleistungen. Der gesamten Nettosozialleistungsquote zufolge ist Deutschland mittlerweile mit Frankreich und Belgien einer der drei weltweit führenden Sozialstaaten.[5] Unter diesem Gesichtspunkt rückt übrigens Schweden, das bei den Bruttosozialausgaben an vorderer Stelle steht, ins Mittelfeld, während die USA, ansonsten das Schlusslicht bei Sozialstaats-Hitlisten, in die Oberschicht der Sozialstaaten aufsteigen. Der Grund: Die Abgabenbelastung der Sozialleistungen ist in Schweden sehr hoch, in den USA niedrig. Zudem spielen in den USA sozialpolitisch motivierte Steuererleichterungen und private, freiwillig erbrachte Sozialleistungen, insbesondere von Unternehmen, eine viel größere Rolle als in Schweden.

Auch bei der überwiegend beitragsbasierten Finanzierung liegt Deutschland im internationalen Vergleich auf einem hohen Rang. Überwiegend beitragsfinanziert sind auch die meisten anderen kontinentaleuropäischen Sozialstaaten, doch Deutschland gehört mit Frankreich, Belgien, den Niederlanden und Österreich zu den Ländern mit dem höchsten Anteil der Sozialbeiträge am Bruttoinlandsprodukt. Die Steuerfinanzierung des Sozialbudgets ist hingegen in den englischsprachigen und den meisten nordeuropäischen Ländern wichtiger.[6]

Ein Mischtyp aus sozialdemokratischem, konservativem und liberalem Sozialstaat

Deutschlands Sozialstaat schützt seine Adressaten in großem Stil vor Verelendung. Er bewahrt sie auch davor, wie eine Ware behandelt zu werden: Er garantiert hochgradige «Dekommodifizierung», so ein Fachbegriff für den Schutz vor dem Zwang, die Finanzierung des Lebensunterhaltes allein aus Arbeitsentgelt zu bestreiten. Der deutsche Sozialstaat ist allerdings nicht das Paradebeispiel eines «konservativen Wohlfahrtsstaats», wie es noch in Esping-Andersens einflussreichem Buch «*The Three Worlds of Welfare Capitalism*» (1990) hieß, das freilich zwei Sozialpolitikfelder ausklammerte, in denen Deutschland stark ist: die Mindestsicherungssysteme und die Regulierung der Arbeitswelt (siehe Kapitel 3). Deutschlands Sozialstaat ist vielmehr eine Mixtur aus sozialdemokratischen, konservativen und liberalen Komponenten – ergänzt um Prinzipien, die dem Einfluss der christdemokratischen Parteien und der katholischen Soziallehre entstammen, wie die Subsidiarität, der Vorrang der kleineren Netze. Zudem sorgt der deutsche Sozialstaat für «Arbeitsförderung», so der Titel des 3. Sozialgesetzbuchs, also auch für «Kommodifizierung».

Eine Typologie wie in Tabelle 1 erfasst die Vielschichtigkeit des deutschen Sozialstaats besser als die Klassifizierung anhand des Sozialversicherungs-, Staatsbürgerversorgungs- und Fürsorgemodells. In der Tabelle 1 wird auf der Basis von 15 Messlatten zwischen fünf Sozialstaatstypen unterschieden: drei Varianten eines demokratischen Sozialstaats – liberal, konservativ und sozialdemokratisch – und zwei Spielarten eines autokratischen Sozialstaats – linkstotalitär-kommunistisch und rechtstotalitär.

Der deutsche Sozialstaat unterscheidet sich vom liberalen Typ unter anderem durch den weitgespannten Sozialschutz für nahezu die gesamte Bevölkerung und die große Bedeutung des Staates bei der Daseinsvorsorge. Vom konservativen Sozialstaatstyp trennen Deutschland Sicherungssysteme, die weit über den Kreis der Arbeitnehmer hinausreichen. Das bezeugen die Mitversicherung von Familienmitgliedern und quasi-universalistische Sozialschutzsysteme wie die Kranken- und die Pflegeversicherung sowie die bedürftigkeitsgeprüften Mindestsicherungssysteme, die allein für knapp zehn Prozent der Wohnbevölkerung in Deutschland den grundlegenden Lebensunterhalt finanzieren. Vom konservativen Typ weicht außerdem die Finanzierung des deutschen Sozialstaats ab, stammen doch derzeit 36 Prozent seines Sozialetats aus öffentlichen Haushalten. Die Unterschiede zum sozialdemokratischen Sozialstaatsmodell sind ebenfalls groß. Nicht nur der Staat fungiert als Träger der deutschen Sozialpolitik, sondern auch die Sozialversicherungen als Anstalten mittelbarer Staatsverwaltung, an der die Sozialpartner beteiligt sind. Die Wohlfahrtsverbände wirken ebenfalls mit, ebenso die Unternehmen: Die betriebliche Altersvorsorge und andere Arbeitgeberleistungen liefern ein beträchtliches sozialpolitisches Zubrot. Erweiterte Sozialversicherungen, hoher Kündigungsschutz für die Kernbelegschaften und Mindestsicherungssysteme für alle Bedürftigen erzeugen einen Sozialschutz, der mit dem des sozialdemokratischen Sozialstaatstypus mithalten kann. Zudem strebt der deutsche Sozialstaat auch nach Arbeitsförderung, aber nicht so aggressiv wie der «aktivierende Wohlfahrtsstaat»[7] dänischer oder britischer Bauart.

Fundamental sind die Unterschiede zwischen dem Sozialstaat der Bundesrepublik und einer rechtstotalitären Sozialpolitik. Die größte Diskrepanz findet sich in den auf Rasse und auf Freund-Feind-Unterscheidung gründenden Einschluss-Ausschluss-Regeln sowie in der führerstaatlich geprägten Arbeitsverfassung der radikalsten Variante des Rechtstotalitarismus, des NS-Staates. Fundamental sind zudem die Unterschiede zwischen dem deutschen Sozialstaat und dem linkstotalitär-kommunistischen Typ. Sozialpartnerschaftliche Arbeitsbeziehungen mit Koalitionsfreiheit versus autoritäre Arbeitsverfassung mit einer Staatsgewerkschaft, die als «Transmissionsriemen» der Staatspartei wirkt, sind der eine Hauptunterschied. Hohe Sozialleistungen auf Sozialrechtsbasis versus Leistungen auf autoritärer Versorgungsstaatsbasis und auf der Grundlage von Rechten, die zur Disposition der Politik stehen, markieren den zweiten. Hinzu kommt die Differenz zwischen externalisierender und internalisierender Sozialpolitik: Anstelle der Externalisierung (im Sinne der produktivitätssteigernden Entlastung der Betriebe von sozialpolitischen Aufgaben wie in der Bundesrepublik) setzt der kommunistische Sozialstaatstyp auf Internalisierung: Sozialpolitische Aufgaben, wie die Realisierung des Rechts auf Arbeit, werden nicht aus den Betrieben ausgelagert, sondern in diese hineinverlagert – um den Preis der Aushebelung betriebswirtschaftlicher Rationalität und der Überlastung der Wirtschaft.

Schlussendlich unterscheiden sich die parteipolitischen Grundlagen der Sozialstaatstypen. Zum liberalen Typus gehören marktwirtschaftsfreundliche Parteien – liberale Parteien und konservative wie die *Republican Party* der USA. Die parteipolitische Basis des konservativen Sozialstaats besteht aus christdemokratisch geführten Koalitionen, während die parteipolitischen Hauptträger des sozialdemokratischen Typs sich bei seinem Namensgeber finden: den sozialdemokratischen Parteien. Der linkstotalitär-kommunistische Wohlfahrtsstaat hingegen basiert parteipolitisch auf einer marxistisch-leninistischen Staatspartei – in der DDR war es die *Sozialistische Einheitspartei Deutschlands*. Der rechtstotalitäre Typ hatte als parteipolitisches Zentrum die *Partita Nazionale Fascista* (PNF) und die *Nationalsozialistische Deutsche Arbeiterpartei*. Die parteipolitischen Grundlagen bezeugen die Zwischenposition des Sozialstaats der Bundesrepublik Deutschland: Es sind die großen Sozialstaatsparteien des Landes – CDU/CSU und SPD – und ihr Wettbewerb mit der sozialpolitisch besonders engagierten Partei Die Linke. Im Unterschied zu vielen anderen Ländern existiert in Deutschland keine starke sozialstaatskritische Partei. Deutschlands Sozialstaat ist somit in der Mitte des politischen Spektrums positioniert und verkörpert insoweit einen «zentristischen Sozialstaat»[8].

Sicherheit, sozialpolitische Lohnersatzraten und Beschäftigungsschutz

Die «Suche nach Sicherheit» prägt Bürger und Politik. So lauten Titel und Hauptthese einer Geschichte der Bundesrepublik Deutschland.[9] Das leuchtet aus dem Blickwinkel der Sozialstaatspolitik ein. Sie strebt nach einem hohen Maß an Sicherheit gegen Risiken, die individuell nicht hinreichend versicherbar sind – Sicherheit auf beachtlich hohem Stand insbesondere für Arbeitnehmer und ihre Familienmitglieder, untermauert von leistungsfähigen Mindestsicherungssystemen für Bedürftige. Dieses Anliegen unterscheidet den deutschen Sozialstaat von den Leitbildern der Sozialpolitik vieler anderer Länder: von der primären Armutsbekämpfung zum Beispiel, die stilprägend für die britische Sozialpolitik wurde; von der Egalisierung, nach der insbesondere sozialdemokratische Regierungen streben und die auch den kommunistischen Wohlfahrtsstaat antrieb; und von der Betonung der geburtenorientierten Bevölkerungs- und Familienpolitik in Frankreich.[10]

Vorrang für Sicherheit heißt nicht Verzicht auf sozialen Ausgleich. Der soziale Ausgleich ist ein Leitprinzip der gesamten deutschen Sozialpolitik. Es soll durch soziale Sicherungssysteme und durch sozialpolitische Regulierung der Arbeitswelt erreicht werden. Überdies trägt die Sozialpolitik substanziell zur Verminderung sozialer Ungleichheit bei, wie das Kapitel 8 zeigt. Doch Egalisierung ist nicht das Hauptanliegen des deutschen Sozialstaats. Der Vorrang für Sicherheit und die Vorfahrt für Statusbewahrung, insbesondere in der Rentenversicherung, bringen Sozialleistungen unterschiedlicher Höhe zustande: Wer länger und mit höheren Beiträgen versichert war, erhält eine höhere Rente als derjenige, der nur kürzere Beitragszeiten und niedrigere Beitragssätze nachweisen kann. Diese Schichtung der

Tabelle 1: Liberaler, konservativer, sozialdemokratischer, linkstotalitär-kommunistischer und rechtstotalitärer Sozialpolitiktyp

	Liberaler Typ	**Konservativer Typ**	**Sozialdemokratischer Typ**	**Linkstolitär-kommunistischer Typ**	**Rechtstotalitärer Typ**	**Bundesrepublik Deutschland**
Sozialpolitisches Hauptanliegen	Marktverträgliche Armutsbekämpfung	Sicherheit (für Versicherte und ihre Familienangehörigen und alle Bedürftigen), Statusbewahrung insb. in der Alterssicherung	Hoher, egalisierender Sozialschutz für alle Staatsbürger	Egalisierender Sozialschutz sowie prioritäre Förderung der Produktion und Pronatalismus	Sozialschutz für die «Volksgemeinschaft» und Exklusion nach Rasse und Freund-Feind-Unterscheidung	Schutz vor Verelendung und Sicherung gegen Wechselfälle des Lebens für Versicherte, ihre Familienangehörigen und alle Bedürftigen
Zugang zum Sozialstaat	Bedürftigkeit	Sozialversicherte Beschäftigung, Mitversicherung von Familienangehörigen, Bedürftigkeit	Wohnsitz, Staatsbürgerschaft	Klassenzugehörigkeit und politische Korrektheit	Rassistisch definierte Staatsbürgerschaft und politische Korrektheit	Beschäftigung, Familienmitgliedschaft, Bedürftigkeit
Vorherrschender Programmtyp	Bedürftigkeitsgeprüfte öffentliche und viele private Sozialleistungen	Sozialversicherungen	Universelle, einheitliche Programme	Universelle, einheitliche Programme und Spezialsysteme für politisch Umworbene	Sozialversicherungen, ergänzende Systeme und regimetypische Fürsorge	Sozialversicherungen, ergänzende Systeme, Mindestsicherungssysteme und Regulierung der Arbeitswelt
Vorwiegende Finanzierungsart	Steuern	Sozialbeiträge	Steuern	Steuern	Sozialbeiträge	Sozialbeiträge (62 % des Sozialbudgets)
Vorherrschende Leistungsart	Geldtransfers und Sachleistungen	Geldtransfers	Geldtransfers, Dienstleistungen, Beschäftigungspolitik	Geldtransfers, Recht auf Arbeit	Geldtransfers	Geldtransfers, Sach- und Dienstleistungen

Sozialbudget (% BIP) – brutto u. netto	Brutto: niedrig, netto: mittel bis hoch	Brutto und netto: hoch	Brutto: sehr hoch, netto: hoch	Brutto: mittel, netto: Fehlanzeige	Brutto: mittel bis niedrig, netto: Fehlanzeige	Brutto: hoch, netto: sehr hoch
Dominanter Wohlfahrtsproduzent	Markt	Markt und Sozialversicherungen	Staat und Markt	Staat	Sozialversicherungen und Staat	Markt, Sozialversicherungen und Staat
Hauptträger des Sozialstaats	Staat und Betrieb	Staat und Sozialversicherungen (mit Beteiligung der Sozialpartner)	Staat	Staat und Staatsgewerkschaft	Staat, Staatspartei und nach Führerprinzip organisierte Sozialversicherungen	Staat, Sozialversicherungen, Sozialpartner, Betriebe, Private
Dekommodifizierung	Mittelgradig bis niedrig	Mittel- bis hochgradig	Hochgradig	Sehr hoch	Mittel nur für «Volksgemeinschaft», gering oder nicht existent für andere	Hochgradig
Arbeitsförderung: Bedeutung und Hauptagent	Groß/Markt	Mittel bis groß/ Markt	Groß/Markt und Staat	Groß/Staat	Groß/Markt und Staat	Mittel / Markt
Externalisierung vs. Internalisierung	Externalisierung	Externalisierung	Externalisierung (in der Privatwirtschaft) und Internalisierung (Beschäftigung beim Staat)	Internalisierung	Externalisierung	Externalisierung
Arbeitsverfassung	Pluralistisch	Liberal-korporatistisch	Liberal-korporatistisch oder pluralistisch	Autoritärer Korporatismus oder hierarchische Lenkung durch Staatspartei	Autoritäre, führerstaatlich geordnete Arbeitsbeziehungen	Sozialpartnerschaftlich-korporatistisch, Mitbestimmung, hoher Beschäftigungsschutz für unbefristete Jobs

	Liberaler Typ	**Konservativer Typ**	**Sozialdemokratischer Typ**	**Linkstolitär-kommunistischer Typ**	**Rechtstotalitärer Typ**	**Bundesrepublik Deutschland**
Politisches Regime	Demokratie	Demokratie	Demokratie	Linkstotalitäre oder linksautoritäre Autokratie	Rechtstotalitarismus	Mischtyp aus Mehrheits- und Verhandlungsdemokratie
Typischer parteipolitischer Träger	Marktfreundliche Parteien	Christdemokratische Parteien	Sozialdemokratische Parteien	Kommunistische Staatspartei	PNF (Partito Nazionale Fascista), NSDAP	Christdemokraten und Sozialdemokraten
Effekt auf die gesellschaftliche Schichtung	Starke Schichtung	Schichtung durch beitragsabhängige Leistungen	Geringe bis mittelgradige Schichtung	Egalisierung und neue Schichtung durch Spezialsysteme	Schichtung durch Inklusion, Exklusion und beitragsabhängige Leistungen	Mittelgradige Schichtung durch beitragsabhängige Leistungen, aber egalisierende Mindestsicherungssysteme und Umverteilung
Beispiele (Länder, Sozialprogramme)	Gesundheitssystem und Essensmarken (USA), Australien, Neuseeland, kapitalgedeckte Altersvorsorge, freiwillige private Sozialleistungen	Sozialversicherungssysteme der kontinentaleuropäischen Sozialstaaten	Schweden, National Health Service (GB), Quasiuniversalismus (Gesundheitswesen, Pflegeversicherung und Mindestsicherungssysteme) (D)	DDR, Sowjetunion	Italien 1922–1945, Deutschland 1933–1945	

Quellen: Zusammenstellung in Weiterführung von Esping-Andersen, Three Worlds; Stephan Leibfried: Der Wohlfahrtsstaat: Ursprünge, Entwicklungen und Herausforderungen. Eine vergleichende Hinführung auf heutige Probleme, in: Transmission 05. Wege aus dem Abseits: Sanktionen und Anreize in der Sozialpolitik, Vodafone Stiftung Deutschland, 2011, S. 8–31; Schmidt, Social Policy in the German Democratic Republic; Schmidt, Sozialpolitik.

Sozialeinkommen wächst in dem Maße, in dem Zahl und Anteil befristeter Beschäftigungsverhältnisse zunehmen, was in Deutschland seit den 1980er Jahren der Fall ist.

Spuren dieser Schichtung finden sich im internationalen Vergleich wieder. Nach Parametern wie Sozialausgaben, Versichertenkreis, Beschäftigungsschutz für unbefristete Jobs und Mitbestimmung zu urteilen, gehört der deutsche Sozialstaat weltweit zur Spitzengruppe der Nationen. Wird die Sozialpolitik aber an der durchschnittlichen Nettolohnersatzrate der Sozialleistungen gemessen, d. h. an der (steuer- und sozialabgabenbereinigten) Höhe der Sozialtransfers relativ zum Einkommen aus lohn- oder gehaltsabhängiger Arbeit, kommen unterschiedliche Ergebnisse zustande. Generös ist das Krankengeld, das in Deutschland im Krankheitsfall die Lohnfortzahlung eines Großteils des Arbeitsentgelts vorsieht. Je nach Indikator und Quelle erweisen sich die Lohnersatzraten der deutschen Arbeitslosenversicherung im Vergleich der OECD-Mitgliedstaaten als überdurchschnittlich oder durchschnittlich. Besonders weit differieren aber die Messungen der Lohnersatzraten in der Alterssicherung: Je nach Quelle und Indikator befinden sich die Lohnersatzraten der gesetzlichen Rentenversicherung über, auf oder unter dem Durchschnitt von wirtschaftlich wohlhabenden OECD-Mitgliedstaaten. Beim Vergleich von Sozialassistenzprogrammen wie der Sozialhilfe hingegen erzielt Deutschland wiederum meist durchschnittliche Lohnersatzraten. Gemessen an den über alle Sozialversicherungszweige gemittelten Lohnersatzraten schließlich, ist der deutsche Sozialstaat beim internationalen Vergleich erneut in der Mitte – mitunter oberhalb der Mitte – positioniert.[11]

Das allgemeine Muster ist dieses: Im Spiegel der Generosität der Sozialleistungen pro Empfänger rangiert Deutschland meist hinter den skandinavischen Ländern und vor den USA und anderen englischsprachigen Staaten. Es gibt aber auch denkwürdige Abweichungen von diesem Muster. Eine davon deckte Jens Albers Amerika-Europa-Vergleich auf: Unter Berücksichtigung der Kaufkraft der Währungen war die durchschnittliche Rente eines US-amerikanischen Ruheständlers im Jahre 2006 um

13 Prozent höher als die eines deutschen. Auch die deutsche «Standardrente» – auf der Basis von 45 Jahren Versicherung und durchschnittlichem Arbeitseinkommen – wurde 2006 von der Durchschnittsrente in den USA um mehr als das 1,5-fache übertroffen.[12] Und die Großzügigkeit von Griechenlands Alterssicherungssystem, um eine Anekdote aus der südeuropäischen Sozialstaatswelt zum Besten zu geben, hat die Renten aller anderen Mitgliedstaaten der OECD, jedenfalls bis in die frühen 2010er Jahre, weit hinter sich gelassen.[13]

Deutschlands Sozialstaat ist mehr als nur ein Staat der sozialen Sicherungssysteme. Er greift auch stark in die Arbeitswelt und in den Arbeitsmarkt ein. Dort wirkt er allerdings asymmetrisch. Im Unterschied zum «Recht auf Arbeit» in der Sozialpolitik der DDR oder zu Schwedens Sozial- und Wirtschaftspolitik bis in die 1990er Jahre gehört die Beschäftigungspolitik nicht zu seinen Hauptanliegen. Die Förderung der Beschäftigung ist in Deutschland größtenteils die abhängige Variable der Wirtschafts-, der Finanz-, der Lohn- und der Geldpolitik. Doch die Geldpolitik der Zentralbank, seit der Einführung des Euro ist das die Europäische Zentralbank, zielt vorrangig auf Inflationsbekämpfung – soweit ihr Beitrag zur Stabilisierung der Finanzmärkte es erlaubt. Andererseits engagiert sich der deutsche Sozialstaat im Arbeitsmarkt durch Leistungen der Arbeitslosenversicherung, Arbeitsförderung (wie Umschulung und Weiterbildung) und verschiedene arbeits- und sozialrechtliche Regelungen. Ein weitreichender gesetzlicher Beschäftigungsschutz, vor allem zugunsten von unbefristeten Arbeitsverhältnissen, gehört zu ihnen, während der Beschäftigungsschutz für befristete Jobs in den vergangenen drei Dekaden in erheblichem Umfang gelockert wurde.[14]

Deutschlands Sozialstaat wäre ohne zwei wirtschaftliche Rahmenbedingungen unvollständig charakterisiert. Erstens ist Deutschland wirtschaftlich wohlhabend. Das zeigen Messgrößen wie das die Kaufkraft berücksichtigende Pro-Kopf-Bruttonationaleinkommen: Ihm zufolge lag Deutschland 2009 im weltweiten Vergleich an 13. Stelle hinter Staaten wie Kuwait, Luxemburg, Norwegen, Schweiz und den USA.[15] Entsprechend hoch sind die Löhne, die hierzulande gezahlt werden. Und entsprechend kaufkräftig sind die Lohnersatzraten der Sozialprogramme – selbst wenn sie im internationalen Vergleich mitunter nur durchschnittliche Höhe erreichen.

Zweitens kommt die relative Preisstabilität hinzu. Relative Preisstabilität ist wirtschaftspolitisch vorteilhaft und sozialpolitisch ein Plus: Sie stabilisiert die Kaufkraft von Niedrigeinkommen und von Sozialleistungen. Eine galoppierende Inflation hingegen entwertet beide recht schnell. Den Erfolg der Preisstabilitätspolitik bezeugt die Inflationsrate der Bundesrepublik Deutschland. Sie zählt weltweit zu den geringsten Preissteigerungsraten. Im Jahresdurchschnitt von 1991 bis 2011 beispielsweise lag sie bei zwei Prozent. Insoweit kann sich Deutschland sowohl eines weit ausgebauten Sozialstaats als auch der erfolgreichen Bekämpfung von Inflation rühmen. Laut dem ehemaligen Bundesarbeitsminister Norbert Blüm ist das «Sozialpolitik auf leisen Sohlen»[16].

Innenpolitische und innergesellschaftliche Antriebskräfte

Viele unterschiedliche Kräfte haben Deutschlands Sozialstaat zu der Position verholfen, die er heute im internationalen Vergleich einnimmt. Manche von ihnen sind außenpolitischer oder internationaler Art – von ihnen handelt das nächste Kapitel. Andere sind innenpolitischer und gesellschaftlicher Natur. Sie werden an dieser Stelle nur in Stichworten benannt:[17] Zu ihnen gehören vor allem die schweren Kriegsfolgen, der steile Wirtschaftsaufschwung bis Mitte der 1970er Jahre und die entsprechend wachsenden Haushalte von Staat und Sozialversicherungen und anschließend die Jahre des verminderten Wachstums mit relativ hoher Arbeitslosigkeit. Nicht zu vergessen sind die fortgeschrittene Alterung der Bevölkerung und die hohen Kosten der deutschen Einheit. Angetrieben wird der deutsche Sozialstaat zudem von der Konkurrenz zweier großer Sozialstaatsparteien um die Stimmen einer risikoscheuen, nach Sicherheit strebenden Wählerschaft. Zusätzlichen Schub erhält er von den tief verwurzelten Traditionen politischer Führung, denen zufolge die Obrigkeit sich auch um das Wohl der «kleinen Leute» zu kümmern hat. Hinzu kommen das Politikerbe und die Pfadabhängigkeit, die das Deutsche Reich von 1871 in der Sozialpolitik geschaffen hatte.

Das Zusammenspiel dieser Faktoren und die Summe ihrer Schubkräfte machen besser verständlich, warum der Sozialstaat in der Bundesrepublik Deutschland besonders weit ausgebaut wurde: Auf ihn wirken überdurchschnittlich viele und überdurchschnittlich starke Schubkräfte. Er hat außerdem von der großen Nachfrage der Wähler, vom politischen Angebot zweier großer Sozialstaatsparteien und vom demokratischen Parteienwettbewerb besonders kräftige Impulse bekommen. Aus diesem Grund steht der deutsche Sozialstaat – jedenfalls aus dem Blickwinkel von Sozialausgaben und ähnlichen Messlatten – im internationalen Vergleich an vorderer Stelle.

VI. Der Sozialstaat in einer Ära der Globalisierung und Europäisierung

Auf den Sozialstaat wirken neben nationalen auch internationale Einflüsse, beispielsweise der Wettbewerb mit Nachbarstaaten, das Lernen von anderen Ländern oder die Anpassung der Sozialpolitik an außenwirtschaftliche Konstellationen. Lange dominierten die nationalstaatlichen Antriebs- und Bremsfaktoren die Sozialpolitik. In der zweiten Hälfte des 20. Jahrhunderts wurden allerdings die von außen kommenden Kräfte stärker. In der Ära des «Kalten Krieges» zwischen Ost und West fungierte der Systemwettbewerb zwischen Demokratie und Kapitalismus auf der einen Seite und den kommunistischen Diktaturen auf der anderen auch als eine sozialpolitische Schubkraft. Mittlerweile zählen vor allem die Globalisierung der Wirtschaft und die Europäisierung – die Entstehung, Erweiterung und Vertiefung der Europäischen Union – zu den externen Einflussgrößen des Sozialstaats.

Globalisierungswirkungen auf den Sozialstaat

Globalisierung der Wirtschaft meint die weltweite, die nationalstaatlichen Grenzen überschreitende Verflechtung der Volkswirtschaften, einschließlich der Finanzmärkte. Diese Verflechtung ist kein Naturereignis, sondern das Produkt politischer Entscheidungen, insbesondere der Förderung des Freihandels und der Beseitigung nationalstaatlicher Kontrollen des Kapitalverkehrs. Viele meinen, die Politik habe damit Geister gerufen, die sie nicht mehr beherrschen könne. Die Globalisierung, so heißt es, verändere die Machtverteilung in der internationalen Politik und in den Nationalstaaten von Grund auf: Sie unterminiere die Souveränität der Nationalstaaten und damit die ihrer Völker. Namentlich der globale Kapitalmarkt vervielfache den Bewegungsspielraum der Unternehmen und des Finanzkapitals und untergrabe dadurch die finanz- und geldpolitische Steuerungsfähigkeit der nationalstaatlichen Regierungen. Er zwinge diese, die Standards ihrer Wirtschafts- und Sozialordnung durch fortwährende Absenkung möglichst attraktiv für das nach maximaler Rendite strebende mobile Kapital zu machen und ihre Staatsschulden zu Konditionen zu bedienen, die profithungrige internationale Finanzmärkte diktierten. Diese Lage bringe auch den Sozialstaat in größte Bedrängnis, denn ein weiterer Ausbau der Sozialpolitik sei nun unmöglich. Auf der Tagesordnung stünde vielmehr die der Globalisierung angemessene Senkung der Produktions- und Arbeitskosten. Und weil die Sozialpolitik für einen beträchtlichen Teil dieser Kosten verantwortlich sei, erfordere ihre Absenkung tiefe Einschnitte in die Sozialsysteme. Im ungünstigsten Fall demontiere die Globalisierung den Sozialstaat. Auf jeden Fall aber verschiebe sie die gesamte politische Architektur der modernen sozialstaatlichen Demokratien: Sie vergrößere das politische Gewicht der Investoren und verringere den politischen Einfluss von Arbeitnehmern, Gewerkschaften, Sozialstaatsparteien und Sozialleistungsempfängern. Einflussreiche wirtschaftsliberale Verbände und politische Parteien, die sich als Sprecher der ökonomischen Logik der Globalisierung profilieren, verstärkten den Zwang für die Regierungen, an einem «Wettlauf nach unten» teilzunehmen. Bei diesem Wettlauf gehe es darum, durch fortlaufende Absenkung von sozial- und steuerpolitischen Standards auf dem Weltmarkt konkurrenzfähig zu bleiben oder zu werden.

So lauten die Hauptaussagen einer weitverbreiteten Sichtweise auf die Globalisierung. Doch diese Sicht der Dinge ist umstritten. Manches spricht für sie, beispielsweise die Beobachtung, dass nationalstaatliche Regierungen beim Schuldenkrisenmanagement zu Getriebenen der Finanzmärkte werden können, und die Tatsache, dass die Gesetzgeber in nahezu allen OECD-Staaten den Beschäftigungsschutz gelockert und damit ihre Arbeitsmärkte flexibilisiert haben.[1] Anderes spricht gegen die Theorie – beispielsweise die ausbleibende Absenkung der Steuersätze und der Sozialstandards jenseits des Beschäftigungsschutzes. Gegen die konventionelle Globalisierungsthese argumentieren auch die Vertreter der sogenannten «Neuen Theorie des eingebetteten Liberalismus»[2]. Ihr zufolge bleiben zumindest die kontinentaleuropäischen Sozialstaaten auch in der Ära der Globalisierung intakt, weil nur eine weit ausgebaute Sozialpolitik den Regierungen und der Wirtschaft Instrumente an die Hand gebe, mit denen sie die Risiken der Weltmarkteinbindung auffangen und politisch wie gesellschaftlich erträglich machen können. Der Sozialstaat sei nicht ein Hemmschuh der Wirtschaft, sondern eine Funktionsvoraussetzung ihrer Einbindung in den Weltmarkt.

Für diese Sichtweise sprechen unter anderem Studien zur Sozialpolitik im späten 19. und im frühen 20. Jahrhundert. Die damalige erste Welle der internationalen Verflechtung, die sogenannte erste Globalisierung, ging mitunter Hand in Hand mit dem Aufbau eines Sozialschutzes gegen Risiken und Positionsverluste infolge von internationalem Wettbewerb. Noch stärker kam die Kompensation von Freihandel durch eine expandierende Sozialpolitik von den 1950er Jahren bis Mitte der 1970er Jahre zum Zuge.

Hiervon unterscheidet sich die seither wirkende «zweite Globalisierung». Mit ihr endete die Phase der rapiden Expansion des Sozialstaats. Allerdings blieb der befürchtete großflächige Sozialstaatsabbau ebenso aus wie die vorhergesagte allseitige Absenkung steuerpolitischer Standards.

Zudem wirkt die Globalisierung von Land zu Land unterschiedlich: Ihre Wirkung hängt von den jeweiligen politischen, gesellschaftlichen und wirtschaftlichen Bedingungen ab. Diese Bedingungen filtern den Globalisierungsdruck und bestimmen, wie viel von diesem Druck auf nationalstaatlicher Ebene ankommt und an welcher Stelle dies geschieht. Zu den nationalstaatlichen Filtern gehören die parteipolitische Zusammensetzung der Regierung, Kräftekonstellationen im Parteiensystem, Wiederwahlinteressen der regierenden Parteien, politisch-institutionelle Bedingungen, der Sozialstaats- und der Kapitalismustyp, die Größe eines Landes und seine außenwirtschaftliche Verwundbarkeit.

Ein großes Land mit hoher Außenhandelsabhängigkeit wie die

Bundesrepublik Deutschland unterliegt einem größeren Anpassungszwang an Globalisierungsprozesse als Länder mit weit geringerer Außenhandelsabhängigkeit (gemessen am Anteil der Exporte und Importe am Bruttoinlandsprodukt) wie Japan und die USA. Ein Staat mit großen Finanzierungsproblemen einschließlich einer hohen Verschuldung, wie Griechenland, hat im Zeitalter der Globalisierung einen größeren Anpassungszwang als ein Staat mit leidlich soliden Staatsfinanzen. Und ein Sozialstaat, der zu rund 60 Prozent aus Sozialbeiträgen finanziert wird wie der deutsche, vergrößert den Anpassungsdruck im Vergleich zu Staaten mit überwiegend steuerfinanzierter Sozialpolitik, weil die Sozialbeiträge wie eine Sondersteuer auf den Faktor Arbeit wirken. Doch diese Sondersteuer ist ein die Arbeitskosten steigernder Konkurrenznachteil beim «Kampf um die Gewinnung von Investitionskapital zur Förderung der eigenen Wirtschaft»[3]. Kleinere Länder hingegen, soweit sie in der fortwährenden Anpassung an den Weltmarkt geübt sind wie die Schweiz, haben in der Regel bessere Chancen, auch mit neuen Herausforderungen wie der Globalisierung zurechtzukommen.

Weil der Globalisierungsdruck meist Reformen in eine kostensenkende, marktfreundliche Richtung erfordert, tun sich bürgerliche Regierungen mit ihm in der Regel leichter als Linksregierungen. Werden aber ihre Wiederwahlchancen durch Nicht-Reform bedroht, greifen auch Linksregierungen zu marktfreundlicher Politik. Ein Paradebeispiel sind die Arbeitsmarktreformen der rot-grünen Regierung Schröder von 2002 und 2003.[4]

Der Globalisierungsdruck verstärkt den Konflikt zwischen einer sozialstaatskritischen und einer sozialstaatsfreundlichen Koalition. Zu Letzterer gehören die Verlierer der Globalisierung – vor allem unqualifizierte oder gering qualifizierte Arbeitnehmer. Hinzu kommen die Klientelgruppen der wichtigsten sozialpolitischen Programme sowie weitere Fürsprecher einer ehrgeizigen Sozialpolitik, insbesondere Linksparteien, Gewerkschaften, der Arbeitnehmerflügel der christdemokratischen Parteien und die Kirchen. Der Gegenspieler ist eine – oft als «neoliberal» bezeichnete – Koalition. Sie setzt sich hauptsächlich aus international orientierten Wirtschaftsinteressen, sozialstaatsdistanzierten Mitte- und Rechtsparteien und anderen sozialstaatskritischen Gruppierungen zusammen. Je nach Größe, Marktmacht und politischer Macht der sozialstaatsfreundlichen und der «neoliberalen» Koalition wird der Globalisierungsdruck stärker oder schwächer gefiltert werden.

Wirtschaftliche und sozialstaatliche Institutionen sind ebenfalls Globalisierungsfilter. Im liberalen Kapitalismus der englischsprachigen Länderfamilie hat die Globalisierung stärker an den fragileren Sozialstaatsinstitutionen gerüttelt als in Kontinentaleuropa und – in einem je nach Land unterschiedlichen Maße – zum Rückbau von Sozialleistungen staatlicher oder privater Art beigetragen. Davon unterscheiden sich im Allgemeinen die Länder mit koordinierter Marktwirtschaft, universalistischem oder quasi-universalistischem Sozialstaat und sozialstaatsfreundlichen Links- und Mitteparteien wie Deutschland. Auch sie stehen unter globalisierungsbedingtem Anpassungsdruck. Doch wird der Sozialstaat in dieser Ländergruppe in Reaktion auf Herausforderungen wie Globalisierung mitunter zwar gründlich umgebaut, aber nicht in größerem Umfang abgebaut.

Dennoch kann die Globalisierung auch in dieser Ländergruppe zentrale wirtschaftspolitische Steuerungsinstrumente aushebeln und hierdurch einen Pfeiler des Sozialstaats untergraben. Besonders schwer wiegt die Internationalisierung der Kapitalmärkte, weil sie die nationalstaatliche Steuerung der Finanz- und der Geldpolitik durchkreuzt. Das läutet das Ende einer rein nationalstaatlichen keynesianischen Wirtschaftspolitik ein – einer an der ökonomischen Theorie von John Maynard Keynes ausgerichteten Politik der Nachfragesteuerung. Wird zudem die Geldpolitik auf eine supranationale Institution übertragen, wie die Europäische Zentralbank, schrumpft der Spielraum für eine beschäftigungspolitisch orientierte Koordination von Geld-, Finanz-, Lohn- und Arbeitsmarktpolitik auf nationalstaatlicher und auf EU-Ebene gegen null: In diesem Fall steht eine EU-weit einheitliche Geldpolitik einer Phalanx von Finanz-, Lohn- und Arbeitsmarktpolitiken gegenüber, die je nach EU-Mitgliedstaat unterschiedlich ausgerichtet sind und deshalb einer jeweils landesspezifischen Geldpolitik bedürften. Dass dies nicht länger möglich ist, unterminiert einen Pfeiler der beschäftigungspolitischen Zähmung des Kapitalismus. Bleibt alles andere gleich, wird der Sozialstaat nunmehr durch höhere Arbeitslosigkeit und geringere Einnahmen mit einer Finanzierungskrise konfrontiert, die eine politisch riskante Sanierung des Sozialetats erfordert. Diese Zwangslage hat auch in der Bundesrepublik Deutschland den Kampf um das Sozialbudget angeheizt. Er begann Mitte der 1970er Jahre und hat seither alle Bundesregierungen mehr oder minder stark beschäftigt und zu sozialstaatlichen Reformen veranlasst, die die internationale Wettbewerbsposition der deutschen Wirtschaft und die Attraktivität des Standorts Deutschland verbessern sollten.[5]

Diese Befunde und andere widersprechen der These, dass die Globalisierung einen Wettlauf zum uniformen Sozialstaatsabbau in Gang bringe. Der Anpassungsdruck, den die Globalisierung auf die Sozialsysteme und die Arbeitswelt ausübt, ist nicht uniform. Zudem scheint er, so urteilen Fachleute wie Duane Swank, sogar schwächer zu sein, als viele Globalisierungskritiker meinen. Gemessen am Schicksal der Staatsausgaben, so zeigen einschlägige Studien, ist die Ära der Globalisierung jedenfalls in den meisten Ländern nicht von drastisch schrumpfenden Sozialetats und rückläufigen Sozialleistungsquoten geprägt. Schrumpfende Budgets hatten vielmehr Politikfelder jenseits der Sozialpolitik zu verzeichnen: das Bildungswesen, ferner die Ausgaben für Wirtschaftspolitik und schließlich die Finanzierung öffentlicher Investitionen.[6] Die offene Flanke ist allerdings das Schuldenkrisenmanagement. Hier kann die Globalisierung die Finanzmärkte zu einem «zweiten Souverän»[7] machen, der die Regierungen der Nationalstaaten unter höchsten Druck setzt.

Der Einfluss der Europäischen Union auf den Sozialstaat

Deutschland gehört als Teil der Europäischen Union (EU) zu einem Staatenverbund, der tief in die Geschicke jedes Mitgliedstaates eingreift, vor allem in der Agrar- und der Geldpolitik. In der Sozialpolitik aber scheint die EU auf den ersten Blick kaum präsent zu sein. Hat die EU eine Sozialstaatsbürokratie? Nein! Erhebt sie Sozialabgaben? Ebenfalls nein! Bietet sie den EU-Bürgern höhere Renten an – oder andere attraktive Programme mit flächendeckender sozialer Sicherung? Erneut: Nein! Vielmehr liegen die Regelungsbefugnisse in den Kernbereichen der sozialen Sicherungssysteme nicht bei der EU, sondern bei ihren Mitgliedstaaten. Über die Höhe der Rentenanpassungen, die Höhe der Sozialbeiträge oder die Höhe der Regelsätze von «Hartz IV» in Deutschland entscheidet Berlin, nicht Brüssel. Ferner sind die Finanzmittel der EU für sozialpolitische Zwecke im Vergleich zu den Staatsausgaben ihrer Mitgliedstaaten bescheiden. Nur ein kleiner Teil des EU-Budgets – zwischen sieben und acht Prozent – entfällt auf sozialpolitische Felder wie Beschäftigung und Soziales, Gesundheitswesen und Versorgungsbezüge von EU-Beamten. Sicherlich ist das gesamte Budget der EU ansehnlich – es umfasste 2010 immerhin 120 Milliarden Euro.[8] Doch das ist weniger als ein Sechstel des Sozialbudgets der Bundesrepublik Deutschland von 2010. Zudem entsprechen die 120 Milliarden Euro einer Staatsquote von nur knapp einem Prozent des Bruttonationaleinkommens der gesamten EU, während die Staatsquote mancher EU-Mitgliedstaaten über der 50-Prozent-Marke liegt.

Die EU hat bislang keinen europäischen Sozialstaat geschaffen. Dafür gibt es triftige Gründe. Einem EU-Sozialstaat stehen mächtige nationalstaatliche Beharrungskräfte im Wege: vor allem die großen Unterschiede in der Wirtschafts- und Finanzkraft der EU-Mitgliedstaaten und ihre entsprechend weit auseinanderliegenden Interessen. Hinzu kommen die unterschiedlichen Sozialstaatsstrukturen der Mitgliedsländer sowie das Interesse ihrer Regierungen, die Sozialpolitik als ein zentrales Instrument der politischen Gestaltung und der Legitimierung nicht aus der Hand zu geben.

Dennoch ist der Einfluss der EU auf die Sozialpolitik ihrer Mitgliedstaaten nicht zu unterschätzen. Drei Mechanismen sind dafür verantwortlich: die «positive Integration», die «negative Integration» und indirekte Wirkungen der EU auf die Sozialpolitik ihrer Mitgliedsländer.

«Positive Integration»

Mit «positiver Integration» sind sozialpolitische Regulierungen gemeint, die aufgrund von Initiativen aus dem Zentrum der EU-Institutionen zustande kommen, insbesondere aus der Europäischen Kommission und dem Rat der Europäischen Union, meist mit Unterstützung des Europäischen Parlaments. Zu den frühesten Beispielen der «positiven Integration» gehören die europarechtlichen Vorschriften zur Koordinierung der sozialen Sicherungssysteme der Mitgliedstaaten im Interesse der Arbeitnehmerfreizügigkeit einerseits und die Verankerung der Entgeltgleichheit bei der Entlohnung gleichwertiger Arbeit von Frauen und Männern andererseits. Für beide Vorschriften waren wirtschaftliche Gründe mitverantwortlich: Freizügigkeitsbedingte Wettbewerbsnachteile für inländische Arbeitnehmer sollten vermieden und die Arbeitgeber derjenigen Länder, die den Grundsatz der Lohngleichheit von Mann und Frau schon in größerem Umfang befolgten, sollten geschützt werden.

Ökonomische Motive spielten auch in der zweiten Phase der EU-Sozialpolitik eine große Rolle. Aufwertung des Arbeitsschutzes war ihr Markenzeichen. Das sollte insbesondere Wettbewerbsnachteile von Staaten mit bereits hohem Arbeitsschutz vermeiden. Auf diese Weise sollten die wirtschaftsschwächeren neuen Mitgliedstaaten der 1980er Jahre – Griechenland, Portugal und Spanien – daran gehindert werden, durch Niedriglohnpolitik und «Sozialdumping» die Wirtschaft der reicheren EU-Mitgliedstaaten zu unterbieten.

Nach der Jahrtausendwende wurde die «positive Integration» durch Maßnahmen gegen soziale Exklusion und für Geschlechtergleichheit ergänzt. Ferner wurden Arbeitgeber- und Arbeitnehmervertretungen zum «Sozialen Dialog» angehalten. Außerdem zielten Antidiskriminierungsgesetze gegen die Ungleichbehandlung aufgrund von Rasse, Ethnie, sozialer Herkunft, genetischer Bedingungen, Sprache, Religion oder Glaubensüberzeugungen.

Maßnahmen der «positiven Integration» sorgen in der EU für Marktkorrekturen mit Hilfe von regulativer Politik – also vor allem durch Gebote und Verbote oder prozedurale Steuerung, nicht durch finanzielle Zuwendung oder Steuererleichterungen. Allerdings kamen diese Maßnahmen über eine Summierung von punktuellen sozialpolitischen Eingriffen jenseits der Kernbereiche der sozialen Sicherungssysteme nicht hinaus. Insoweit ist das sozialpolitische Bein der «positiven Integration» schwach und nur bedingt belastbar.

«Negative Integration»

Allerdings wirkt die EU mit einem zweiten Mechanismus auf die nationalstaatliche Sozialpolitik ein – mit der «negativen Integration». Damit sind Maßnahmen gemeint, die darauf zielen, Wettbewerbshemmnisse zu beseitigen und Märkte zu schaffen, insbesondere durch Abbau von rechtlichen Vorschriften, die dem freien Verkehr von Waren, Dienstleistungen, Kapital und Arbeit – dem wichtigsten Ziel des Gemeinsamen Marktes der EU – im Wege stehen. Die «negative Integration» vermindert allerdings die Chance der nationalstaatlichen Regierungen zur Regulierung der nationalen Wirtschafts- und Sozialordnung. Zugleich fördert sie den Wettbewerb und hierdurch auch den Standortwettbewerb der EU-Mitgliedstaaten. Im Standortwettbewerb wird der Sozialstaat jedoch potenziell zu einem größeren Hindernis der wirtschaftlichen Entwicklung und der Beschäftigung als zuvor. Das liegt vor allem an den – im Vergleich zu sozialpolitisch weniger stark engagierten Ländern – höheren Finanzierungskosten und den Kosten, die seine Regelungen in der Arbeitswelt und der Wirtschaft verursachen.

Bannerträger der «negativen Integration» in Europa sind vor allem die Europäische Kommission und der Europäische Gerichtshof. Die Europäische Kommission wirkt mit der Androhung und Durchführung von Vertragsverletzungsverfahren auf die «negative Integration» hin. Der Europäische Gerichtshof hingegen sorgt in einer Vielzahl von Entscheidungen für «Integration durch Recht», und zwar mit betont integrations- und wettbewerbsfreundlicher Stoßrichtung. Die Europäische Kommission und der Europäische Gerichtshof gelten mittlerweile nicht länger nur als «Wächter» und «Hüter» der europäischen Verträge, sondern auch als «Motoren der Liberalisierung»[9].

Damit ist die Neigung der Europäischen Kommission und des Europäischen Gerichtshofs gemeint, ihre Entscheidungen zur Niederlassungs- und Dienstleistungsfreiheit sowie zu wettbewerbspolitischen Streitfragen durch marktliberale sozialpolitische Entscheidungen zum Diskriminierungsverbot, zur Freizügigkeit und zur Unionsbürgerschaft zu flankieren. Das schließt für jeden EU-Mitgliedstaat das Verbot ein, bei der Anwendung seines Rechts, einschließlich des Sozialrechts, zwischen Inländern und EU-Ausländern zu diskriminieren, obwohl er und seine Steuer- und Sozialbeitragszahler für die Sozialleistungen für Gebietsfremde aufkommen. Auf diese Weise hat der Europäische Gerichtshof den Weg für die grenzüberschreitende Inanspruchnahme von Gesundheitsdienstleistungen gebahnt.

Der EU ist ein «Liberalisierungsbias»[10] eigen. Dieser hat Folgen für die Sozialpolitik. Er verengt ihren Spielraum. Allerdings wirkt der «Liberalisierungsbias» der EU asymmetrisch: Die geringsten Reibungsflächen hat er mit Sozialstaaten mit starken liberalen Komponenten, weil dort der Markt mehr Spielraum besitzt. Erheblich größer sind die Reibungsflächen mit konservativen und sozialdemokratischen Sozialstaaten sowie mit Mischformen wie dem deutschen Sozialstaat, weil in ihnen der ausgebaute Sozialschutz und eine Vielzahl von öffentlichen Einrichtungen der Daseinsvorsorge dem Markt viel engere Grenzen setzen.

Indirekte EU-Wirkungen auf die Sozialpolitik der Mitgliedstaaten

Auch indirekt wirkt die EU auf die Sozialpolitik ihrer Mitgliedstaaten. Zwei Wirkungsketten verdienen besondere Erwähnung: Nebenfolgen der EU-Erweiterungsrunden sowie Folgeprobleme der Verschuldungsobergrenzen und des Schuldenkrisenmanagements.

Die Erweiterung der EU um wirtschaftsschwächere Länder – zunächst Griechenland, Portugal und Spanien und später, bei der Osterweiterung, die post-kommunistischen Staaten – hat beträchtliche Nebenwirkungen: die größere Wahrscheinlichkeit des «Sozialdumping», der Unterbietung von hohen sozial- und wirtschaftspolitischen Standards in sozialpolitisch führenden Staaten. Solche Unterbietung verletzt die Interessen jener Mitgliedstaaten der EU, die, wie Österreich und Deutschland, wohlhabend sind, hohe Löhne zahlen, aufwendige Sozialsysteme besitzen und eine gemeinsame Grenze mit einem oder mehreren der wirtschaftsschwächeren Staaten haben. Akut wurde dieses Problem mit der Osterweiterung der EU, die eine größere Zahl von Ländern mit qualifizierten Arbeitskräften und niedrigeren Arbeits- und Produktionskosten und mit Grenzen zu einem oder mehreren reichen EU-Mitgliedstaaten integrierte. Diese Konstellationen und die Spielregeln des Gemeinsamen Binnenmark-tes erzeugen einen starken Konkurrenz- und Anpassungsdruck für die weit ausgebauten Sozialstaaten. Und das betrifft insbesondere die kontinentaleuropäischen Sozialstaaten, unter ihnen Deutschland.

Zu den indirekten Effekten der EU auf die Sozialpolitik gehören Folgeprobleme der Verschuldungsobergrenzen sowie des Schuldenkrisenmanagements. Die gemeinsame europäische Währung, der Euro, und die Verschuldungsobergrenzen des Maastrichter Vertrags von 1992 begrenzen und sanktionieren, jedenfalls der Theorie nach, den finanzpolitischen Spielraum der Mitgliedstaaten. Weil der Sozialetat mittlerweile in allen EU-Staaten der größte Posten der Staatsausgaben ist, betreffen alle finanzpolitischen Restriktionen auch ihn direkt oder indirekt. In die gleiche Richtung wirken die Kosten, die entstehen, wenn die reicheren EU-Mitglieder für die Verschuldungssünden von wenig wettbewerbsfähigen und hochverschuldeten Mitgliedstaaten wie Griechenland haften. Auch das verringert den finanzpolitischen Spielraum für die Sozialpolitik.

Das Mehrebenensystem der Sozialpolitik in Europa

Insgesamt hat die EU keinen europäischen Sozialstaat geschaffen – und dennoch hat sie die Sozialpolitik der Mitgliedstaaten, auch die der Bundesrepublik Deutschland, beeinflusst. Das Ergebnis ist, so sagen EU-Forscher, ein «Mehrebenensystem der Sozialpolitik»[11]. Zu ihm gehören die Etagen des Nationalstaats – in Deutschland sind das Bund, Länder, Kommunen und Sozialversicherungen – und das Stockwerk der EU sowie die vielfältigen Wechselwirkungen zwischen den verschiedenen Ebenen. Viererlei kennzeichnet dieses Mehrebenensystem: 1) die für politische Unbeweglichkeit anfällige Politikverflechtung zwischen den Ebenen, 2) die bedeutende Rolle des Europarechts und des Europäischen Gerichtshofs bei Fragen der Sozialpolitik, 3) die marktwirtschaftsfreundliche Politik des Gerichtshofs und der Europäischen Kommission und 4) die Einbindung der EU-Sozialpolitik in Vorgänge der Marktschaffung statt der sonst in der Sozialpolitik üblichen Marktüberwachung oder Marktkorrektur.

Das europäische sozialpolitische Mehrebenensystem hat auch die Macht zwischen den Mitgliedstaaten und der EU neu verteilt: Die EU-Mitgliedstaaten sind nach wie vor der dominante sozialpolitische Akteur, aber sie haben nicht länger die vollständige Kontrolle über dieses System. Sie sind insoweit in eine neue, eine «postsouveräne» Phase eingetreten.[12]

Die Europäisierung beeinflusst den Sozialstaat heutzutage mehr als in den 1950er, 1960er und 1970er Jahren. Wie bei der Globalisierung ist allerdings die relative Größenordnung der Europäisierung zu bedenken. Der Grad der Europäisierung in der Sozialpolitik ist nach wie vor viel geringer als in der Wirtschaftspolitik oder gar in der Agrar- und der Geldpolitik. Zudem beeinflussen viele andere Faktoren den Sozialstaat. Fünf sind besonders wirkungsmächtig und müssen deshalb zusammen mit Globalisierung und Europäisierung bedacht werden: sozioökonomische Konstellationen (wie Wirtschaftskraft und Alterung der Bevölkerung), Machtressourcen der Wirtschafts- und Sozialverbände, Regierungsparteien, politisch-institutionelle Rahmenbedingungen und das Politikerbe.

VII. Sozialstaatsreformen in schwierigen Zeiten

Europäisierung und Globalisierung verändern die Rahmenbedingungen sozialstaatlicher Politik. Aber auch innenpolitische Herausforderungen kommen auf den Sozialstaat zu.

Innenpolitische Herausforderungen des Sozialstaats

Eine dieser Herausforderungen ist wirtschaftlicher Art: In Deutschland schrumpfte das jahresdurchschnittliche Wachstum des preisbereinigten Bruttoinlandsproduktes von 5,8 Prozent in der Periode von 1950 bis 1974 auf durchschnittlich 1,8 Prozent zwischen 1975 und 2011. Damit stieß nicht nur das Streben der Sozialpolitiker nach «Immer-Mehr», «Immer-Besser» und «Immer-Größer»[1] an eine Grenze. Nun war auch fraglich geworden, ob früher beschlossene ehrgeizige Sozialleistungen weiterhin finanzierbar sein würden.

Mit dem schwächeren Wirtschaftswachstum nahm – die zweite Herausforderung – die Arbeitslosigkeit zu: Die jahresdurchschnittliche Arbeitslosenquote in Deutschland stieg von 0,9 Prozent in der Periode von 1960 bis 1974 auf 6,7 Prozent in den Jahren von 1975 bis 2011. Das nachlassende Wirtschaftswachstum und die Arbeitslosigkeit lasten zweifach auf dem Sozialstaat: Sie vermindern seine Einnahmen und vergrößern zugleich die Nachfrage von Leistungen insbesondere der Arbeitslosenversicherung, der Mindestsicherungssysteme und – infolge von Frühverrentung – der Rentenversicherung.

Die Alterung der Bevölkerung stellt den Sozialstaat vor eine dritte große Herausforderung. Die Alterung ist in Deutschland besonders weit vorangeschritten – wie sonst nur in Italien und Japan. Der Bevölkerungsanteil der mindestens 65-Jährigen stieg in Deutschland von neun Prozent im Jahre 1950 auf rund 21 Prozent im Jahre 2009. Laut mittlerer Variante der 12. koordinierten Bevölkerungsvorausberechnung für Bund und Länder werden 2060 33 Prozent der Bevölkerung mindestens 65 Jahre alt sein. Der Bevölkerungsanteil der unter 20-Jährigen hingegen sinkt laut dieser Schätzung von derzeit rund 19 auf 16 Prozent im Jahre 2060, und der Anteil der 20- bis 64-Jährigen schrumpft von 61 auf 52 Prozent. Insbesondere ab den 2020er Jahren werden «sehr starke Jahrgänge im Rentenalter verhältnismäßig schwach besetzten im Erwerbsalter gegenüberstehen»[2]. Die Alterung der Bevölkerung stellt vor allem die Alterssicherung, das Gesundheitswesen, die Pflegeversicherung und die gesamte Finanzierungsbasis des Sozialstaats auf eine harte Probe.

Das führt zur vierten Herausforderung des Sozialstaats: Seine Finanzierung laboriert auch an den Kosten der Staatsverschuldung, an der der Sozialetat allerdings maßgeblich beteiligt ist. In Deutschland kletterte der Anteil der Staatsschulden am Bruttoinlandsprodukt von weniger als 20 Prozent bis 1970 auf mittlerweile rund 80 Prozent. Die Zinszahlungen auf die Staatsschulden konsumieren derzeit rund zwei Prozent des Bruttoinlandsproduktes.[3] Nichts deutet auf abnehmende Finanzierungsschwierigkeiten des Staates insgesamt und des Sozialstaats im Besonderen hin. Wahrscheinlicher sind zunehmende Finanzierungsprobleme – allein aufgrund der Alterung der Bevölkerung und der hohen Kosten des Schuldenkrisenmanagements in Deutschland und in der gesamten Europäischen Union.

Der sozialpolitische «Preis der deutschen Einheit»[4] ist die fünfte Herausforderung. Sie besteht aus der einheitsbedingten Zuspitzung von Problemen, denen sich der Sozialstaat schon vor der Wiedervereinigung gegenübersah: vor allem Finanzierungsschwierigkeiten, politisch-administrative Segmentierung, pfadabhängige Reformen, selbst wenn die alten Pfade nicht mehr taugen, und die Neigung, Reformen verspätet und in Trippelschritten anzugehen.

Externe und interne Herausforderungen setzen den Sozialstaat unter Anpassungsdruck. Sie stehen seinem weiteren Ausbau im Wege und erfordern Umbau- und Rückbaumaßnahmen. Doch Umbau und Rückbau des Sozialstaats stellen seine Fürsprecher und die nach Wiederwahl strebenden Regierungen auf harte Proben. Kann und will die Politik den Sozialstaat um- oder abbauen, wenn rund 40 Prozent der Wahlberechtigten ihren Lebensunterhalt hauptsächlich aus Sozialleistungen bestreiten, und wenn zugleich die parlamentarische Opposition, die Gewerkschaften, die Sozialverbände und die Medien gegen nahezu jede Umbau- und Rückbaumaßnahme Sturm laufen?

Hindernisse für Sozialstaatsreformen

In Deutschland scheinen die Hindernisse für Sozialstaatsreformen besonders groß zu sein. Ist Deutschland nicht der Staat mit besonders vielen «Mitregenten» und «Vetospielern» in der Politik – mächtigen Interessengruppen und mit Einspruchsrecht versehenen Akteuren wie Koalitionspartner, Bundesrat und Bundesverfassungsgericht? Steckte Deutschland nicht im «Reformstau», so das «Unwort des Jahres» 1997? Und hatte nicht einer, der es wissen musste, Norbert Blüm, der Bundesarbeitsminister von 1982 bis 1998, so geurteilt: «Reformen im Verbändestaat geraten in die Nähe der Undurchführbarkeit»[5], und «Kosten einsparen im Gesundheitswesen» sei wie «Wassergymnastik im Haifischbecken»[6]? Obendrein vergrößerten die Medien die Reformbarrieren. Das Fernsehen «entwickelt sich zum Transistor der Einwände, zur Vetoagentur der Gesellschaft. Interessant ist, was dagegen ist»[7].

Auch in anderen Ländern stießen Umbau- und Rückbaumaßnahmen in der Sozialpolitik auf hohe Hindernisse. Wegweisendes dazu deckte Paul Pierson auf, ein amerikanischer Politikwissenschaftler, der die radikal-marktwirtschaftlichen Programme des US-Präsidenten Ronald Reagan (Amtszeit 1981–1989) und der britischen Premierministerin Margaret Thatcher (Amtszeit 1979–1990) daraufhin untersuchte, ob sie den Sozialstaat abbauten. Doch das war laut Pierson nicht der Fall. Vielmehr liefen die Reformvorhaben an mächtigen Hindernissen auf.[8]

Das erste Hindernis war die Risikoabneigung der meisten Wähler. Von großen Um- und Abbaumaßnahmen hielten sie nichts.

Zweitens kamen den Reformern die Asymmetrie der Kosten und des Nutzens von Um- und Rückbaumaßnahmen in die Quere: Leistungskürzungen sind für die Betroffenen alsbald spürbar; der Nutzen einer Einsparung aber, beispielsweise die Entlastung des Staatshaushaltes, wird bestenfalls erst nach längerer Zeit sichtbar. Entsprechend ungleich verteilt sind die Chancen der Mobilisierung von Gegnern und von Befürwortern der Umbau- und Rückbaureform: Die Reformgegner haben viel bessere Chancen zur Mobilisierung als die Reformbefürworter.

Die dritte Reformhürde bestand aus Politikerblasten: Frühere Weichenstellungen der Sozialpolitik verengten den Spielraum für die Gestaltung in der Gegenwart. Als besonders reformresistent erwiesen sich Sozialversicherungssysteme, weil die eigentumsrechtlichen Ansprüche der Versicherten den Reformern enge Grenzen setzten. Widerständig waren aber auch populäre steuerfinanzierte Systeme wie der britische Nationale Gesundheitsdienst.

Viertens hatte die Sozialpolitik ihre eigene politische Basis, die Sozialstaatsklientel, so vergrößert, dass diese eine der stärksten Kräfte in der öffentlichen Meinung und bei Wahlen wurde. Zudem kann die Sozialstaatsklientel auf den Schulterschluss mit den Gewerkschaften zählen. Diese sind ebenfalls an einer starken Sozialpolitik elementar interessiert. Denn eine weit ausgebaute Sozialpolitik mit hohem Beschäftigungsschutz und leistungsfähiger Arbeitslosen- und Krankenversicherung schützt die Organisation, die Mitglieder und die Lohnpolitik der Gewerkschaften vor dem Stoß der Konjunkturschwankungen und immunisiert somit die Gewerkschaften weitgehend gegen die Wechsellagen der Wirtschaft.

Ein fünftes Hindernis liegt in dem Risiko, das Regierungen und Regierungsparteien beim Sozialstaatsumbau oder -rückbau eingehen: In diesem Fall können sie nicht auf Kredit und Anerkennung wie noch beim Ausbau der Sozialpolitik hoffen («credit claiming», so Pierson). Vielmehr müssen sich die Architekten des Sozialstaatsumbaus und -rückbaus um Schadensvermeidung oder -begrenzung bemühen («blame avoidance»). Das kann dadurch geschehen, dass die Regierungen die Verantwortung für unpopuläre Reformen auf andere abwälzen – auf die Vorgängerregierung beispielsweise, auf die Bundesländer oder die Gemeinden –, oder durch zeitliche Streckung der Kürzungen oder durch Anbindung von Sozialleistungen an die Inflationsrate, so dass die Wirkungen der Reformen kaum sichtbar und zurechenbar sind.

Was Paul Pierson für die USA und Großbritannien herausfand, schien insgesamt auch zur Lage in Deutschland zu passen. Die deutschen Bundesregierungen reagierten zunächst zögerlich auf die neuen Herausforderungen des Sozialstaats. Dabei war die «Trendwende»[9] der Wirtschafts- und Sozialpolitik schon Mitte der 1970er Jahre unübersehbar. Das Ende der langen Nachkriegsprosperität hatte die Großwetterlage für den Sozialstaat fundamental verändert. Sein finanzieller Spielraum war geschrumpft, sein Aufgabenkreis aber gewachsen.

Sozialstaatliche Anpassungsreformen unter bürgerlich-liberalen und rot-grünen Regierungen

Die Anpassung des Sozialstaats an die «Trendwende» Mitte der 1970er Jahre begann in Deutschland mit Verspätung. Letztlich aber führte sie zu größeren Umbau- und Rückbaumaßnahmen, als im Lichte der Studien von Paul Pierson zu erwarten war. Einen ersten, noch zaghaften Anlauf zur Anpassung des Sozialstaats an die neuen Herausforderungen unternahm die SPD/FDP-Regierung unter Kanzler Helmut Schmidt. Der beherzte Einstieg in die sozialstaatlichen Anpassungsreformen erfolgte unter der ab Oktober 1982 regierenden Koalition aus CDU/CSU und FDP.[10] Mit dem Ziel, die Sozialfinanzen zu konsolidieren, kürzte die bürgerlich-liberale Koalition Sozialleistungen und erhöhte die Sozialbeiträge – ein typischer Fall von Reformen erster Ordnung, die hier mehr, dort weniger von dem Althergebrachten vorsehen, aber weder die Instrumente noch die Steuerungsphilosophie ändern. Doch auch Reformen erster Ordnung können viel bewirken. Allein die Konsolidierung der Sozialfinanzen hatte bis Ende der 1980er Jahre tiefe Spuren in der

Staatstätigkeit hinterlassen. Der Anteil der öffentlichen Sozialausgaben am Bruttoinlandsprodukt sank von 33,0 Prozent 1982 auf 29,1 Prozent im Jahre 1990.[11] Das war in quantitativer Hinsicht ein Erfolg der Konsolidierungspolitik, wie der Sachverständigenrat zur Begutachtung der gesamtwirtschaftlichen Entwicklung in seinem Jahresgutachten 1986/87 rückblickend schrieb, wenngleich er die fehlende Nachhaltigkeit bemängelte. Allerdings war die Konsolidierung des Sozialetats politisch höchst umstritten. Für die Koalition aus CDU/CSU und FDP war sie unverzichtbar. Nur auf diese Weise würde der Sozialstaat wieder solide zu finanzieren sein. Die SPD-Opposition und die Gewerkschaften hingegen attackierten die finanzielle Konsolidierung als kapitalen «Sozialabbau», womit beide allerdings die Rückbildung der Sozialpolitik in den 1980er Jahren weit überschätzten.

Noch in den 1980er Jahren folgten Reformen zweiter Ordnung, die hauptsächlich die großen Sozialversicherungen stabilisieren sollten. Die «Rentenreform 1992» des Jahres 1989 und die Einführung eines demografischen Faktors in die Rentenformel mit dem im Dezember 1997 verabschiedeten «Rentenreformgesetz 1999» spielten hierbei eine besonders wichtige Rolle. Hinzu kamen Reformen, die insbesondere die Kostensteigerungen im Gesundheitswesen eindämmen sollten.

Die rot-grüne Koalition, die von 1998 bis 2005 amtierende Nachfolgerin der bürgerlich-liberalen Koalition, ergänzte die Sozialstaatsanpassung ihrerseits mit tiefgreifenden Reformen. Nunmehr kamen auch Reformen dritter Ordnung zum Zuge – Reformen, die neue Instrumente und eine neue Regelungsphilosophie einführten. Den Auftakt gaben zwei Paradigmenwechsel in der Rentenpolitik. Der erste bestand aus dem Übergang von einer rentenniveauorientierten zu einer beitragssatz- und einnahmenorientierten Alterssicherungspolitik: Ein stabiler, höchstens bis 22 Prozent steigender Sozialbeitragssatz sollte künftig Vorrang vor der Sicherung des Rentenniveaus haben. Die zweite Strukturreform führte eine ergänzende freiwillige kapitalgedeckte und staatlich subventionierte Rente als dritte Säule der Alterssicherung ein: die nach dem damaligen Bundesarbeitsminister Walter Riester benannte «Riester-Rente». Sie ergänzte das

Umlageverfahren, das die Renten aus dem Beitragsaufkommen der Versicherten finanziert, mit dem Kapitaldeckungsverfahren: In ihm werden die Renten aus dem eigens hierfür angesparten Kapital finanziert. Die «Riester-Rente» sollte die Alterssicherung auf die Herausforderungen einstellen, die durch die Alterung der Bevölkerung, die mittelfristig voraussichtlich zunehmende Altersarmut, die Finanzierungsengpässe der Rentenkassen und die Konflikte zwischen der Sozialstaatsfinanzierung und dem Wirtschaftsstandort Deutschland gegeben sind.

Noch mehr Aufsehen erregte 2003 das Reformprogramm «Agenda 2010» mit seiner «Hartz IV»-Gesetzgebung, benannt nach dem damaligen VW-Personalchef Peter Hartz, einem Berater der Regierung Schröder. «Hartz IV» ist das Kürzel für die Zusammenlegung der Sozialhilfe mit der Arbeitslosenhilfe zu einer neuen Grundsicherung für Arbeitsuchende, dem sogenannten Arbeitslosengeld II. Hierdurch sollte der – infolge sehr hoher Arbeitnehmerschutzrechte – starre, bei der Beschäftigung lahmende deutsche Arbeitsmarkt flexibilisiert werden. «Hartz IV» hieß aber auch Absenkung von Sozialleistungen für Arbeitslose, insbesondere für Arbeitslose, die nach der Gesetzeslage vor «Hartz IV» die höhere Arbeitslosenhilfe bezogen hätten, auf einen Stand nahe an oder unter dem der Sozialhilfe. Die Reform sollte Arbeitsfähige zur Arbeitsaufnahme anhalten, die Zumutbarkeit einer neuen Arbeit strenger regeln und bei Zuwiderhandlung Sanktionen verhängen, zum Beispiel durch Absenkung oder Streichung von Sozialleistungen. «Hartz IV» stand im Zeichen des «aktivierenden Sozialstaats», der seine Zielgruppen fördert und fordert – beispielsweise durch die Annahme eines neuen Beschäftigungsverhältnisses zu Bedingungen, die den Standard der bislang ausgeübten Berufstätigkeit unterschreiten.

Politische Reaktionen auf Sozialstaatsumbau und -rückbau

Sozialstaatliche Umbau- und Rückbaumaßnahmen sind überall politisch brisante Unternehmungen. Besonders riskant sind sie für die Regierungsparteien in Demokratien, weil die Wähler sie womöglich mit Abwahl bestrafen. Zwangsläufig ist diese Reaktion allerdings nicht. Ob die Wähler mit Abwahl der Regierung reagieren oder nicht, hängt von vielerlei ab: von der Haltung der Opposition und der Massenmedien zu den Sozialstaatskorrekturen, vom Wahlsystem – Stimmenverluste kommen der Opposition bei Verhältniswahl meist stärker zugute als bei Mehrheitswahl –, von der Sichtbarkeit der Einschnitte und davon, ob die Maßnahmen ohne Ankündigung und ohne Mandat ergriffen oder schon vor einer Wahl angekündigt wurden und sich auf ein Mandat der Wähler berufen können.[12]

Politisch höchst umstritten waren die sozialstaatlichen Anpassungsreformen der bürgerlich-liberalen Regierung Kohl in den 1980er Jahren und der rot-grünen Regierung Schröder nach 2000. In den 1980er Jahren verlief die Hauptkonfliktlinie zwischen der Koalition von CDU/CSU und FDP einerseits und der SPD-geführten Opposition und den Gewerkschaften andererseits. «Sozialstaatsabbau» und «Spaltung der Gesellschaft» zugunsten der Reichen und zulasten der Schwachen war der Tenor der Kritik seitens der parlamentarischen und der außerparlamentarischen Opposition. Unverzichtbare «Sanierung» der von der Vorgängerregierung «zerrütteten Staatsfinanzen» hielt die Regierungskoalition dagegen. Doch bei den Bundestagswahlen von 1983 und 1987 spielte dieser Streit keine wahlentscheidende Rolle. Mehr noch: In den Wahlkampf zur Bundestagswahl von 1983 zog die Regierung Kohl mit der Ankündigung, man werde die Sozialfinanzen nach der Wahl noch weiter konsolidieren. Die Wähler schienen sich daran nicht zu stoßen. Die CDU/CSU, die mit dem Bundesarbeits- und dem Bundesfinanzminister die für die Konsolidierung hauptverantwortlichen Minister stellte, verzeichnete jedenfalls einen Zweitstimmenzuwachs von 4,3 Prozentpunkten. Die SPD hingegen, die gegen die Konsolidierung der Sozialfinanzen ins Feld gezogen war, erlitt Einbußen beim Zweitstimmenanteil in Höhe von 4,7 Prozentpunkten.

Anders gelagert waren die Konflikte um die «Agenda 2010» und die «Hartz IV»-Reform, die der Bundestag am 23. Dezember 2003 beschloss und die rund ein Jahr später, am 1. Januar

2005, in Kraft trat. Die Umrisse der Arbeitsmarktreformen hatte die Regierung Schröder noch vor der Bundestagswahl 2002 angekündigt. Im Wahlkampf allerdings spielten sie keine Rolle. Als die Konturen der «Agenda 2010» und von «Hartz IV» im folgenden Jahr sichtbar wurden, riefen sie alsbald heftigste Proteste hervor – bei den Linken, in den Gewerkschaften und in weiten Teilen der Wähler- und der Mitgliederschaft der SPD. Die Kritiker werteten «Hartz IV» nicht als eine überfällige Reform, die eine Grundsicherung für Arbeitsuchende einführte und hierdurch den Arbeitsmarkt beschäftigungsfreundlicher machte, sondern verurteilten sie als «Sozialstaatsabbau». Sie verstanden «Hartz IV» nicht als vertretbare Kombination von «Fördern und Fordern», sondern prangerten die Reform als inakzeptablen Eingriff in die Besitzstände von Arbeitnehmern an, die viele Jahre Arbeitslosenversicherungsbeiträge gezahlt hatten und nun, nach Ablauf des in seiner Bezugsdauer gekürzten Arbeitslosengeldes, mit dem «Arbeitslosengeld II» auf Sozialhilfeniveau abgespeist werden sollten.

Der Konflikt trennte nicht länger die Regierung von der Opposition, denn die christdemokratische Opposition hatte über ihre starke Position im Bundesrat an der «Hartz IV»-Gesetzgebung tatkräftig mitgewirkt. Politisch verlief die Spaltungslinie vielmehr innerhalb der SPD-Mitglieder und der SPD-Wähler, zwischen Befürwortern und Gegnern von «Hartz IV» und der zugrunde liegenden «Agenda 2010». Überdies erwuchs der SPD aus dem Protest gegen diese Reformen eine bundesweite linksoppositionelle Konkurrenz im Parteiensystem. Diese entstand aus der Fusion der westdeutschen «Wahlalternative Arbeit und Soziale Gerechtigkeit» (WASG) und der «Linkspartei.PDS» zur Partei «Die Linke». Die Konkurrenz von links trug zu den schweren Stimmenverlusten der SPD in nachfolgenden Landtagswahlen und den Bundestagswahlen von 2005 und 2009 bei. Bei der Bundestagswahl 2009 reichte der Stimmenanteil der SPD nicht mehr für die Regierungsbeteiligung aus. Jetzt stand ihren Abgeordneten erneut das «frustrierende Erlebnis» der Opposition bevor, dieses schwierige «Immerzu-nur-reden-und-nicht-gestalten-Können» und Abgeschottetsein vom «Herrschaftswissen»[13], so Helmut Schmidts Worte vor der SPD-Bundestagsfraktion am 1. Oktober 1982, dem Tag seiner Abwahl als Bundeskanzler.

Der Unterschied zwischen den Sozialstaatsreformen der Regierung Kohl und der Regierung Schröder war groß – inhaltlich und hinsichtlich der politischen Abläufe. Die Regierung Kohl hatte die finanzielle Konsolidierung des Sozialstaats vor der Wahl auf den Weg gebracht und weitere Einschnitte vor dem Urnengang angekündigt. Sie konnte dabei, Umfragen zeigen es, auf einen beachtlichen Zuspruch der Wähler setzen. Bundeskanzler Schröder hatte seine Reformen dagegen ohne größere Vorwarnung und ohne ein klares, auch parteiintern unumstrittenes Mandat lanciert. Die Regierung Kohl konzentrierte ihre Reformen ferner im Wesentlichen auf die Stabilisierung der etablierten Systeme der sozialen Sicherung. Im Unterschied dazu öffneten die Sozialstaatsreformen der Regierung Schröder neue Pfade, die weit von den etablierten Bahnen der Renten- und der Arbeitsmarktpolitik wegführten. Und während die Regierung Kohl die öffentliche Sozialpolitik ohne nennenswerten Einstieg in private Sozialpolitik reformierte, sah Rot-Grün mit der «Riester-Rente» ebendiesen Einschnitt vor. Die Regierung Kohl ging in der Arbeitsmarktpolitik ebenfalls konventionell vor, indem sie die sogenannte aktive, auf Umschulung und Weiterbildung zielende Arbeitsmarktpolitik ausbaute. Rot-Grün hingegen ergänzte die Arbeitsmarktpolitik um eine neue Grundsicherung für Arbeitsuchende und verschaffte sich mit der Lehre vom «aktivierenden Wohlfahrtsstaat» eine neue Regelungsphilosophie. Die Regierung Kohl vollzog ihre Konsolidierung der Sozialfinanzen ohne die Opposition. Rot-Grün hingegen war angesichts der unterschiedlichen parteipolitischen Mehrheitsverhältnisse im Bundestag und Bundesrat gezwungen, die christdemokratische Opposition mit ins Boot der Gesetzgebung zu nehmen. Das veränderte die Logik der Schadensvermeidung und Schadensabschiebung. Der Tadel der Wähler traf am Ende nicht die christdemokratische Opposition, sondern die sozialdemokratische Regierungspartei, während der Tadel, den die Kohl-Regierung auf sich zog, geringer und wahlpolitisch nicht ausschlaggebend war.

Warum reagierten die Wähler auf die Sozialstaatsreformen der Regierungen Kohl und Schröder so unterschiedlich? Zum besseren Verständnis sind zwei Theorien nützlich. Die erste ist die sogenannte Mandatetheorie.[14] Ihr Kernsatz lautet: Halte dich in der Regierungspolitik nach der Wahl im Prinzip an das, was du vor der Wahl angekündigt hast – andernfalls drohen schwere Glaubwürdigkeits- und Stimmenverluste. Diesen Grundsatz befolgte die Regierung Kohl durch ihre Ankündigung, auch nach der Bundestagswahl von 1983 mit der finanziellen Konsolidierung weiterzumachen. Dafür hatte sie bei ihren Wählern nunmehr ein Mandat. Anders die Regierung Schröder: Die «Agenda 2010» und «Hartz IV» kündigten das Ende der Ausbaustrecke der Sozialpolitik an, obwohl davon zuvor seitens der SPD nie ernsthaft die Rede war. Die «Agenda 2010» und «Hartz IV» standen quer zu den auf Besitzstandswahrung oder Expansion geeichten sozialpolitischen Vorlieben des sozialdemokratischen und gewerkschaftlichen Hauptstroms. Für beide Vorhaben hatte die Regierung Schröder somit kein klares, unumstrittenes Mandat.

Der bürgerlich-liberalen Koalition der 1980er Jahre kamen, im Unterschied zur Regierung Schröder, noch weitere günstige Bedingungen zugute. Diese versteht man am besten mit Hilfe der Theorie der reformpolitischen Gelegenheiten.[15] Ihr zufolge haben jene Regierungen besonders gute Chancen, große, auch schmerzhafte Reformvorhaben durchzusetzen und politisch zu überleben, die fünf Bedingungen erfüllen: Erstens, eine landesweite Krisenstimmung und die Überzeugung, dass zur Lösung der Krise ein Politikwechsel unabdingbar sei; zweitens, ein Mandat für die Reform; drittens, ein «Honeymoon»-Effekt, der alle Mängel und Nebenwirkungen der Reform in den ersten Monaten nach dem Regierungswechsel als Folge von Versäumnissen der Vorgängerregierung erscheinen lässt; viertens, eine schwache oder diskreditierte Opposition und fünftens, die politisch-ideologische Homogenität der Regierungsparteien. Diese Bedingungen waren bei der Regierung Kohl im Wesentlichen gegeben – aber nicht bei Rot-Grün. Nicht zuletzt aus diesem Grund scheiterte Rot-Grün bei den anschließend stattfindenden

Wahlen, während die Regierung Kohl trotz oder wegen ihrer Konsolidierung der Sozialfinanzen die Wahlen von 1983 und 1987 gewann.

Sozialstaatsreformen und Reformbedarf

Die finanzielle Konsolidierung des Sozialetats unter der Regierung Kohl und die rot-grünen Reformen trugen zur Anpassung des deutschen Sozialstaats an seine Herausforderungen bei. Viele andere Maßnahmen verdienten ebenfalls Erwähnung: die 1989 verabschiedete «Rentenreform 1992» zum Beispiel, später der Einbau eines die Alterung der Bevölkerung berücksichtigenden «Nachhaltigkeitsfaktors» in die Rentenformel (2004). Sodann die 2007 von der zweiten Großen Koalition beschlossene und ab 2012 wirksame Anhebung der Altersgrenze in der Rentenversicherung («Rente mit 67»), außerdem der von der Bundesfamilienministerin, Ursula von der Leyen, zwischen 2005 und 2009 vorangebrachte Wandel der christdemokratischen Familienpolitik zu einer Politik, die auf bessere Vereinbarkeit von Familie und Beruf zielt.

Deutschland steckt nicht im «Reformstau». Das lehren auch international vergleichende Analysen[16] – unter ihnen die Spezialanalysen der OECD zur Alterssicherungspolitik. Ihnen zufolge gehört Deutschland mittlerweile in der Rentenpolitik zur Gruppe der Reformstaaten, in der auch Schweden zu finden ist. Die Reformstaaten haben ihre Alterssicherungssysteme besser an den demographischen Wandel und andere Herausforderungen, wie schwächere wirtschaftliche Entwicklung, Finanzierungsprobleme und internationaler Standortwettbewerb, angepasst. Besonders groß ist der Abstand zwischen den Reformstaaten und den Nicht-Reformstaaten. Zu Letzteren gehören, mit Berichtsstand 2009, Länder mit weit ausgebauten, zum Teil überdurchschnittlich großzügigen Rentensystemen, unter ihnen Belgien, Portugal, Spanien und Griechenland.[17]

Dass nicht alles Gold ist, was glänzt, gilt auch für die Sozialstaatskorrekturen. Gemessen an der Veränderung der sozialpolitischen Lohnersatzraten und des vom Sozialstaat erfassten

Personenkreises, sind die Kernsysteme der sozialen Sicherung in den meisten Demokratien des Westens – trotz mancher Kürzungen, insbesondere seit Mitte der 1980er Jahre – von beachtlicher «Stabilität»[18] gekennzeichnet. Der verbleibende Reformbedarf ist vielerorts noch groß. Die Bundesrepublik Deutschland ist trotz Reformen keine Ausnahme. Vor allem die folgenden fünf Probleme bedürfen einer Lösung.

Erstens: Wenn die Alterung der Bevölkerung die Sozialabgaben oder die Bundeszuschüsse an die Rentenversicherung mittelfristig nicht drastisch erhöhen soll, sind weitere Reformen unumgänglich – entweder durch Lastenverteilung zuungunsten der Rentner und zugunsten von Beitragszahlern oder durch höhere Erwerbsquoten und längere Lebensarbeitszeit.

Zweitens: Die Beitragsfinanzierung bleibt ein Problem der deutschen Sozialpolitik. Sie ist eine Sondersteuer auf den Faktor Arbeit und bremst die Beschäftigung, das Wirtschaftswachstum und die Einnahmen von Staat und Sozialversicherungen.

Drittens: Ein ungelöstes Problem sind die Verdrängungseffekte des deutschen Sozialstaats. Seine Finanzierung beschränkt die Mittel für andere Politikfelder, etwa die Bildungspolitik und die öffentlichen Investitionen. Der Grund liegt nicht zuletzt in den unterschiedlichen Finanzierungsbedingungen. Die Sozialbeiträge haben die Aura des guten Zweckes und der zielgenauen und sozial gerechten Abgaben. Überdies sind die Sozialbeiträge politisch einfach zu regeln: Man benötigt zu ihrer Erhöhung (oder Senkung) nicht den Bundesrat. Die Staatsaufgaben außerhalb der Sozialpolitik hingegen werden größtenteils aus staatlichen Haushalten finanziert und bedürfen zu ihrer Aufstockung aufwendiger Steuererhöhungen. Doch Steuererhöhungen sind unpopulär. Zudem sind ihre politischen Entscheidungskosten hoch: Die Erhöhung von besonders einträglichen Steuern, wie der Einkommens- oder der Mehrwertsteuer, erfordert die Zustimmung der Mehrheit des Bundesrates. Die Bundesregierung muss in diesem Fall die Zustimmung einer hinreichend großen Zahl von Länderregierungen gewinnen und bei divergierenden parteipolitischen Mehrheiten im Bundestag und Bundesrat gar das Mitregieren der Opposition in Kauf nehmen. Auch aus diesem Grund neigt der Gesetzgeber dazu, vorrangig den Sozialstaat zu finanzieren und andere Politikfelder finanziell am kürzeren Zügel zu führen.

Viertens: Relativ zur Wirtschaftskraft verfügt der deutsche Sozialstaat über einen überdimensionierten Etat und leistet einen hohen Beschäftigungsschutz, insbesondere für unbefristet Beschäftigte. Gewiss: Damit steht Deutschland nicht allein, sondern in einer Reihe mit nordeuropäischen und südeuropäischen Ländern. Auffällig ist die Diskrepanz zwischen dem weit ausgebauten Sozialstaat und der Wirtschaftskraft aber insbesondere beim Vergleich mit sozialstaatlich zurückhaltenden Weltmarktkonkurrenten jenseits der Europäischen Union, den Vereinigten Staaten von Amerika und Japan, ganz zu schweigen vom Vergleich mit den wirtschaftlich aufstrebenden Niedrigeinkommensländern wie China und Indien.

Fünftens: Zu den Problemen des Sozialstaats gehört sein Beitrag zur Staatsverschuldung. Weil der gesamte Sozialetat mehr als 50 Prozent der gesamten öffentlichen Ausgaben (von Bund, Ländern, Gemeinden und Sozialversicherung) ausmacht, ist der Sozialstaat mitverantwortlich für den Anstieg der öffentlichen Schulden in Deutschland auf mittlerweile rund 80 Prozent des Bruttoinlandsprodukts. Der Sozialetat hat insoweit auch viele Kosten des Konsums von heute auf zukünftige Generationen verlagert.

Es bleibt demnach noch viel zu tun, um den deutschen Sozialstaat mittel- und langfristig nachhaltiger zu gestalten als bisher.

VIII. Wirkungen des Sozialstaats auf Politik, Gesellschaft und Wirtschaft

Was bewirkt der deutsche Sozialstaat in Politik, Wirtschaft und Gesellschaft? Erfüllt er seine Aufgaben sachgerecht, zielgenau und mit geringen Nebenfolgen? Ist er wirklich der jederzeit verlässliche Problemlöser[1], ein «Produktivfaktor»[2] und eine «Erfolgsgeschichte auch in wirtschaftlich schwierigen Zeiten»[3]? Manche bejahen diese Fragen, andere verneinen sie. Etlichen Kritikern zufolge ist Deutschlands Sozialstaat zu ehrgeizig, gründet auf einem wackeligen finanziellen Fundament und gewährleistet die erstrebte Sicherheit nur teilweise und mit schweren Nebenwirkungen.

Die Meinungsvielfalt spiegelt teils weltanschauliche, teils fachwissenschaftliche Unterschiede wider. Wirtschaftsliberale Denker werfen einem weit ausgebauten Sozialstaat vor, er überlaste die Wirtschaft und entmündige die Bürger. Verteidiger des Sozialstaats hingegen sehen ihn als Stabilisator und Sicherheitsproduzent, manche sogar als eine unverzichtbare Voraussetzung einer modernen Demokratie. Wirtschaftswissenschaftler halten aufgrund ihrer Fixierung auf wirtschaftliche Effizienz oft Distanz zum Sozialstaat. Historiker, Politikwissenschaftler, Soziologen und Sozialrechtsexperten wiederum wägen sowohl die gesellschaftlichen als auch die politischen und die wirtschaftlichen Wirkungen des Sozialstaats ab und beurteilen ihn auf dieser Grundlage häufiger wohlwollend.

Belastbare Befunde über die Wirkungen und Nebenwirkungen sind am ehesten zu erwarten, wenn Nutzen und Kosten des Sozialstaats gewogen werden, seine Wirkungen in Politik, Gesellschaft und Wirtschaft bedacht und die Ergebnisse des internationalen und des historischen Vergleichs der Sozialpolitik berücksichtigt werden. Aus dieser Perspektive ist das vorliegende Kapitel geschrieben.[4]

Politische und gesellschaftliche Stabilisierung

Deutschlands Sozialstaat bewältigt seine ureigenen Aufgaben insgesamt gut und manchmal sehr gut. Dafür spricht zuvörderst, dass er seine Bürger vor materieller Verelendung schützt. Im Unterschied zu den USA kann man in Deutschland nicht unmittelbar von der Ersten Welt in die Dritte Welt fallen. Einen solchen Absturz verhindern hierzulande die Mindestsicherungssysteme: das Arbeitslosengeld II, das Sozialgeld, die Sozialhilfe, die Grundsicherung im Alter und bei Erwerbsminderung, die Kriegsopferfürsorge und die Regelleistungen nach dem Asylbewerberleistungsgesetz.

Der Sozialstaat stärkt zudem die Sicherung gegen die Wechselfälle des Lebens – vor allem bei Einkommensausfall durch Alter, Arbeitslosigkeit, Invalidität, Krankheit, Mutterschaft, Pflegefall und Tod des Ernährers, um nur die größten Risiken zu erwähnen, gegen die der Einzelne sich durch Individualvorsorge meist nicht zureichend versichern kann.

Ferner wirkt der Sozialstaat beim Abbau sozialer Ungleichheit mit, und zwar viel stärker, als es seine problematische Einstufung als «konservativer Wohlfahrtsstaat» erwarten lässt. Die Verminderung des Armutsrisikos ist ein Beispiel: Sozialtransfers wie Arbeitslosengeld II, Kindergeld, Kinderzuschlag, Wohngeld und das frühere Erziehungsgeld halbierten das Risiko der Einkommensarmut im Jahr 2005 von 26 Prozent der Bevölkerung auf 13 Prozent. Das ist auch im Vergleich aller Mitgliedstaaten der Europäischen Union ein überdurchschnittlich gutes Ergebnis der Armutsbekämpfung.[5] Es widerlegt die Meinung, die deutsche Sozialpolitik verteile nur wenig zwischen Arm und Reich um. Vielmehr trägt ihr überdurchschnittlich großer Sozialetat dazu bei, die hohe markterzeugte Einkommensungleichheit in Deutschland[6] in überdurchschnittlichem Maße zu vermindern.

Hinzu kommt die Umverteilung durch die Steuerpolitik. Steuern und Sozialtransfers verringern nicht nur das Armutsrisiko, sondern auch die vom Markt erzeugte Einkommensungleichheit substanziell. Dem *Oxford Handbook of Economic Inequality* zufolge reduzieren Deutschlands Steuern und Sozialtransfers die Einkommensungleichheit fast so stark wie in den diesbezüglich führenden skandinavischen Ländern und beinahe doppelt so stark wie in den USA.[7] Noch größer ist der Abbau von Einkommensungleichheit und Armutsrisiken durch Sozialtransfers und Steuern laut der OECD-Datenbasis zur Einkommensverteilung: Ihr zufolge liegt Deutschland beim Abbau der Einkommensungleichheit zusammen mit Belgien, Finnland und Österreich in der Spitzengruppe der OECD-Länder und bei der Verminderung des Armutsrisikos auf dem zweiten Platz hinter Frankreich und vor den skandinavischen Ländern.[8]

Der Sozialstaat sorgt auch an anderer Stelle für mehr soziale Gleichheit: Die Beschäftigung im Sozialstaat, insbesondere im Gesundheitswesen, in der Pflegeversicherung und in der Sozialstaatsverwaltung, hat mehr Frauen in Lohn und Brot gebracht und hat hierdurch die Unterschiede der Erwerbsbeteiligung von Männern und Frauen spürbar verringert.

Zudem schirmt der Sozialstaat die Politik und die Gesellschaft gegen die Schockwellen ab, die von schweren Wirtschaftskrisen ausgelöst werden. In diesem Fall fungieren die Sozialprogramme wie ein «Problemzerstäuber»[9]: Sie zerlegen die Krisenfolgen in kleine, voneinander getrennte Teile. Ein Krisenopfer behandeln sie als Frühverrentung, ein anderes als Erwerbsminderung, ein drittes als Kurzarbeiter, ein viertes als Bezieher von Arbeitslosengeld und wieder andere als Empfänger von Leistungen eines der Mindestsicherungssysteme.

Der sozialstaatliche Problemzerstäuber entschärft potenziell gefährliche Störfälle. Doch damit endet der politische Nutzen des Sozialstaats nicht. Mindestens ebenso wichtig ist seine Legitimationswirkung. Der Sozialstaat ist eine der wichtigsten Quellen der Herrschaftslegitimierung in der Demokratie. Er verschafft der Regierung «Output-Legitimität», d. h. Anerkennungswürdigkeit und tatsächliche Anerkennung der Herrschaft aufgrund von sozialpolitischer Leistung.

Die Linderung schwerer gesellschaftlicher Spannungen ist dem Sozialstaat ebenfalls gutzuschreiben. Er entschärft den Konflikt zwischen älteren und jüngeren Bevölkerungsgruppen, weil er für beide Leistungen bereitstellt und die Jüngeren mit Teilhabe an zukünftiger Alterssicherung lockt. Der Sozialstaat entschärft auch den Konflikt zwischen Arbeit und Kapital. Vier Mechanismen sind hierbei am Werke. Der erste ist eine Arbeitsverfassung mit Koalitionsfreiheit, Sozialpartnerschaft und Arbeitnehmermitbestimmung. Diese Arbeitsverfassung institutionalisiert den Konflikt zwischen Arbeit und Kapital und macht ihn für alle Beteiligten berechenbar. Der zweite Mechanismus entspringt den Verteilungswirkungen der Sozialtransfers. Diese vermindern die markterzeugte soziale Ungleichheit und nehmen ihr damit den Stachel. Der dritte Mechanismus liegt in der Wirkung der Sozialpolitik auf die Schichtung der Gesellschaft: Diese wird durch die Kombination von Markt- und Transfereinkommen differenziert. Das wirkt gegen klassenhomogene Interessenlagen. Allerdings entstehen dafür – je nach prägender Sozialstaatserfahrung – unterschiedliche «sozialstaatliche Generationen»[10]. Viertens spielt ein Externalisierungsmechanismus mit: Über den Großteil der Sozialleistungen wird im Parlament entschieden, nicht in den Unternehmen. Entlastung der Betriebe durch Sozialpolitik statt Belastung durch sozialstaatliche Aufgaben, Externalisierung anstelle von Internalisierung, heißt auch hier die Devise.

Die erwähnten Wirkungen des Sozialstaats führen zu einer beachtlichen Stabilisierung. Das honorieren die Bürger – wie die hohe Akzeptanz des Sozialstaats zeigt.[11] Die Mehrheit der Bürger befürwortet sogar höhere öffentliche Ausgaben für fast alle größeren Sozialpolitikfelder – mit Ausnahme der Ausgaben für Arbeitslosigkeit.[12] Und selbst eine relative Mehrheit der Anhänger der größten bürgerlichen Partei in Deutschland, der CDU/CSU, befürwortet mehr soziale Absicherung (45 Prozent); 26 Prozent sind für den Status quo, und nur 23 Prozent sind für mehr Markt.[13]

Ökonomische Stabilisierungseffekte

Wirtschaftliche Stabilisierungsfunktionen des Sozialstaats haben ebenfalls ein großes Gewicht. Die Sozialpolitik hat – was viele Ökonomen unterschätzen – einen beträchtlichen «wirtschaftlichen Wert»[14]. Für ihren wirtschaftlichen Wert spricht die Entlastung der Unternehmen von brisanten Konflikten über Sozialleistungen. Nicht weniger wichtig ist der Schutz der Arbeitskraft durch sozialstaatliche Regelungen wie Arbeitsschutz, Koalitionsfreiheit, Kündigungsschutz, Arbeitslosengeld, Kurzarbeit, Umschulung und Weiterqualifikation. Der Schutz des Faktors Arbeit ist in einer Wirtschaft mit einem hohen Anteil hochqualifizierter Beschäftigter besonders wichtig, weil hiermit zugleich das «Humankapital», einer der Motoren des Wirtschaftswachstums, gepflegt wird.

Zudem fördern die – auch infolge des Sozialstaats – besonders hohen Arbeitskosten die Neigung der Wirtschaft, soweit sie noch im Inland investiert, zu arbeitssparenden Investitionen. Der Sozialstaat wirkt hierdurch wie eine «Modernisierungspeitsche», da er dem arbeitssparenden technischen Fortschritt zugutekommt, was aus gesamtwirtschaftlicher Perspektive wünschenswert ist.

Überdies kann der Sozialstaat die gesamtwirtschaftliche Nachfrage stabilisieren helfen. Vor allem in Rezessionen vom Typ der Nachfragemangelkrise fungiert er als willkommener automatischer Konjunkturstabilisator. So geschah es in großem Umfang 2009, in der bislang schwersten Wirtschaftskrise der Bundesrepublik Deutschland. Dass der Sozialstaat außerdem für solche Krisen ein Instrument wie die Kurzarbeit bereitstellt, das hochqualifizierte Arbeitskräfte in den Betrieben hält, wo sie im Falle eines Wirtschaftsaufschwungs ohne Verzögerung eingesetzt werden können, ist Teil seines wirtschaftlichen Wertes.

Schließlich kann ein weit ausgebauter Sozialstaat mit einer dynamischen Wirtschaftsentwicklung verträglich sein. Das weisen historisch und international vergleichende Analysen nach: Wirtschaftsverträglich ist ein ausgebauter Sozialstaat insbesondere dann, wenn die Sozial- und die Steuerpolitik beschäftigungs- und wachstumsfreundlich ausgelegt sind und ihre Finanzierung auf möglichst breiter Basis erfolgt.[15]

Nebenwirkungen, Folgeprobleme und Alternativen eines weit ausgebauten Sozialstaats

Der Sozialstaat löst Probleme, aber er bringt auch neue hervor. Als Produzent und Verwalter von Sozialtransfers und Sozialdienstleistungen ist der Sozialstaat ein Beschäftigungsmotor. Weil er aber die Arbeitskosten erhöht und weil Sozialbeiträge wie eine Sondersteuer auf den Faktor Arbeit wirken, ist er zugleich ein Hemmschuh der Beschäftigung; im ungünstigsten Fall induziert er Arbeitslosigkeit. Dass die öffentlichen Haushalte und die der Sozialversicherungen hierdurch ins Defizit geraten können, ist Teil der Problematik. Ferner stärken hohe Sozialabgaben den Anreiz, einen Teil der Wirtschaftstätigkeit in die Schattenwirtschaft, in der weder Steuern noch Sozialabgaben gezahlt werden, zu verlagern. Der hohe Anteil der Langzeitarbeitslosen in Deutschland schließlich – allein 2010 waren 47 Prozent aller Arbeitslosen seit mindestens einem Jahr ohne Beschäftigung[16] – ist ohne den Sozialstaat ebenfalls nicht zu verstehen. Der Anteil der Langzeitarbeitslosen ist besonders hoch, weil die relativ hohen Lohnersatzraten der Arbeitslosenversicherung die Bereitschaft der Arbeitgeber, Arbeitslose einzustellen, ebenso vermindern wie die Bereitschaft der Arbeitslosen, einen neuen Job anzunehmen. Die Sozialpolitik wirkt in diesem Fall so wie es ein altehrwürdiges ökonomisches Gesetz besagt: Das Angebot erzeugt seine Nachfrage. «Wer für Arbeitslosigkeit zahlt, wird Arbeitslosigkeit bekommen, und wer für alleinerziehende Mütter zahlt, wird alleinerziehende Mütter bekommen», so lautet ein Leitspruch der Sozialstaatskritik, die diesen Mechanismus aufspießt. In diese Richtung zielt auch der Vorwurf, dass eine Alterssicherung, die Kinderlosigkeit faktisch prämiert, Geburt und Erziehung von Kindern aber benachteiligt, mitursächlich für niedrige Geburtenraten und voranschreitende Alterung der Bevölkerung ist.

Zentralisierungs- und Bürokratisierungsschub sowie «Machtzuwachs des Staates»[17] gehören ebenfalls zu dem Preis, der für einen Sozialstaat wie den deutschen zu entrichten ist. Dass die Bewältigung sozialer Aufgaben oft Nebenwirkungen hervorbringt, die zusätzliche Sozialleistungen erfordern, zählt überdies zu seinen Kosten. Und zu den Folgeproblemen einer Politik, die durch positive Diskriminierung mehr Gleichheit zwischen der bisher vernachlässigten Gruppe A und der bislang bevorzugten Gruppe B herstellen will, gehört eine neue Ungleichheit: Die nachwachsenden Mitglieder von B geraten relativ zu denen von A ins Hintertreffen.

Finanzpolitische Nebenwirkungen des Sozialstaats runden das Gesamtbild ab. Drei Nebenwirkungen sind aufgrund ihrer Bedeutung besonders erwähnenswert. Erstens ist der Sozialstaat für den Anstieg der Staatsverschuldung von knapp 20 Prozent in den ausgehenden 1960er Jahren auf rund 80 Prozent im Jahre 2012 mitverantwortlich. Zweitens laboriert der Sozialstaat selbst an den Folgekosten der Verschuldung: Die Bedienung der Staatsschulden verkleinert den Spielraum für seine weitere Finanzierung. Drittens stehen Verdrängungseffekte der Sozialfinanzen zu Lasten anderer ausgabenintensiver Politikfelder auf der Rechnung. Ein absolut und relativ großer Sozialetat und ein mittelhoher Anteil von Steuern und Sozialabgaben am Bruttoinlandsprodukt, wie in Deutschland, beschränken die Finanzierungsmöglichkeiten von ausgabenintensiven Politikfeldern jenseits der Sozialpolitik drastisch. Die Unterfinanzierung des deutschen Bildungswesens hängt mit diesem Verdrängungseffekt zusammen.

Bei den Nebenwirkungen des Sozialstaats ist seine Doppelrolle nicht zu vergessen. Der Sozialstaat ist, in den Worten von Hans Achinger, ein Institut, das einerseits «täglich Partei gegen die bestehende Ordnung», insbesondere die Ordnung der Wirtschaft, ergreift und andererseits «doch zugleich als königstreue Opposition»[18] in sie eingefügt ist. Noch radikaler hat Eduard Heimann die Doppelrolle des Sozialstaats in seiner «Sozialen Theorie des Kapitalismus» bestimmt und dabei einen Grundgedanken der Dialektik von systemstabilisierender und systemsprengender sozialpolitischer Intervention in Hegels Rechtsphilosophie weitergeführt: Die Sozialpolitik sei nicht nur eine Funktionsvoraussetzung der Marktwirtschaft, sondern auch ein systemfremder Faktor. Sozialpolitik steht nach Heimann für

«Abbau der Herrschaft zugunsten der Beherrschten», «Einbau des Gegenprinzips in den Bau der Kapitalherrschaft und Sachgüterordnung» und «Verwirklichung der sozialen Idee im Kapitalismus gegen den Kapitalismus». Die Sozialpolitik wirke somit zugleich als «Bestandteil im kapitalistischen System» und als «Fremdkörper»[19].

Gesellschaftliche Nebenwirkungen gesellen sich zu den wirtschaftlichen Folgeproblemen des Sozialstaats. Eine von ihnen ist der «Wohlfahrtskorporatismus»[20]. Damit ist ein spezielles Beziehungsmuster zwischen Staat und Interessenverbänden gemeint. Im Unterschied zur investitions- und beschäftigungsorientierten Variante des Korporatismus der 1970er Jahre, wälzt der Wohlfahrtskorporatismus die Kosten seiner Betriebsweise auf den Sozialstaat ab. Auf diese Weise schließen die Tarifparteien gleichsam Verträge zu Lasten Dritter. Sie schieben die Kosten, die beispielsweise durch ihre beschäftigungsmindernde Hochlohnpolitik entstehen, auf die Arbeitslosenversicherung ab oder über Frühverrentungsmaßnahmen auf die gesetzliche Rentenversicherung.

In den Verdacht, kontraproduktiv zu wirken, geriet der Sozialstaat insbesondere bei liberalen und konservativen Kritikern. Während die politische Linke sich vom Sozialstaat mehr Verteilungsgerechtigkeit, mehr Sicherheit und Kriminalitätsverhütung erhofft, verdächtigen liberale und konservative Kritiker den Sozialstaat der obrigkeitsstaatlichen Bevormundung. Sie vermissen Wettbewerb und offenen Kampf anstelle von gesetzlich gewährter institutionalisierter Mitbestimmungsmacht, sie befürworten die Solidarität genossenschaftlicher Selbstverwaltung oder private Versicherung anstelle von Kollektivversicherung, und sie empfehlen die individuelle Vorsorge gegen Risiken anstelle kollektiver Pflichtversicherungen. Doch auch Vertreter der kritischen Gesellschaftstheorie richten bohrende Fragen an den Sozialstaat: Führt er nicht zur Fremdbestimmung der Bürger? Neigt er nicht zu einer modernen Spielart des Paternalismus? Kolonisiert er gar die Lebenswelt der Bürger?

Voll überzeugen kann die wortgewaltige Kritik nicht – bei aller Wertschätzung ihres Anliegens, Freiheitsspielräume zu bewahren oder zu mehren und die Lebenswelt vor der Überwältigung durch Geld, Recht und paternalistische Kontrolle zu retten. Doch wie soll eine selbstverantwortliche kraftvolle Selbstverwaltung von jenen bewerkstelligt werden, die sich nicht artikulieren können, die zu schwach zu fortwährender Äußerung ihrer Bedürfnisse sind, denen es an Organisierung ihrer gemeinschaftlichen Anliegen mangelt und die womöglich pflegebedürftig ans Bett gefesselt sind? Und warum sollte eine genossenschaftliche Selbstverwaltung viel besser funktionieren als die Sozialversicherungen des deutschen Sozialstaats? Zudem: Wer garantiert, dass Sozialschutzsysteme, die hauptsächlich auf private Initiative, Selbsthilfe und Wohlfahrtsverbände setzen oder, wie im amerikanischen Fall, auf risikoreiche Basierung eines beträchtlichen Teils der Alterssicherung auf labilen Kapitaldeckungsgrundlagen, besser sind als die Einrichtungen des Sozialstaats?

Ein leistungsfähiger Sozialstaat wird in der Regel der Freiheit von Not dienen. Vielen wird er überhaupt erst die freie, leidlich mündige Lebensführung ermöglichen. Michael Stolleis hat diesen Gedanken so konkretisiert: Zum «Gewinn» des Sozialstaats gehörten «der Zuwachs an persönlicher Freiheit und die qualitative und quantitative Steigerung des gegen die typischen Lebensrisiken aufgespannten Netzwerks (...) Für unzählige Menschen bedeutet die heutige soziale Sicherung Freiheit von Angst vor Hunger und Kälte, vor Krankheit und vor dem Kampf um das tägliche Überleben, vor allem aber auch Freiheit von persönlichen Abhängigkeiten».[21] Auch insoweit ist der Sozialstaat eine Einrichtung, die trotz ihrer obrigkeitlichen Tendenzen vielen dient und deren Freiheitsgrade vergrößert. Das haben vor allem diejenigen Beobachter vor Augen, die den Sozialstaat als eine historische Errungenschaft werten.[22]

Einstellungen der Bürger zum Sozialstaat

Deutschlands Sozialstaat kann auf großen Rückhalt in der Bevölkerung zählen. Die Zufriedenheit mit den sozialen Sicherungssystemen ist weit verbreitet und hoch – wenngleich nicht mehr ganz so hoch wie in den 1970er und 1980er Jahren.[23] Besonders häufig unzufrieden äußern sich allerdings Befragte mit geringerem Einkommen, Personen mit niedriger Bildung, Ostdeutsche, Arbeitslose, überdurchschnittlich Ängstliche, ferner diejenigen, die meinen, dass ihnen ein gerechter Anteil verwehrt ist, und die 35- bis 59-Jährigen, zu denen jene gehören, die den Sozialstaat vor allem finanzieren.[24]

Inwieweit kann der Sozialstaat auf Vertrauen der Bürger zählen? Die Befunde sind uneinheitlich. Den Sozialstaatssurveys von 2005 bis 2008 zufolge genießt die gesetzliche Krankenversicherung das meiste Vertrauen – von mehr als zwei Dritteln der Befragten. Mehr als die Hälfte der Befragten hat in die Unfall- und die Arbeitslosenversicherung «großes Vertrauen» oder «etwas Vertrauen», und immerhin jeder Zweite vertraut der Pflegeversicherung und der Sozialhilfe. Geringer ist der Anteil der Befragten, der der Grundsicherung für Arbeitsuchende vertraut – 2008 waren es 41 Prozent. Doch auch die gesetzliche Rentenversicherung, lange Zeit das Flaggschiff der deutschen Sozialpolitik, weckt nur noch bei 38 Prozent der Befragten «großes Vertrauen» oder zumindest «etwas Vertrauen», wohingegen 40 Prozent der Rentenversicherung «weniger Vertrauen» entgegenbringen und 23 Prozent «überhaupt kein Vertrauen» haben.[25]

Viele Gründe sind dafür verantwortlich, dass das Vertrauen in die sozialstaatlichen Einrichtungen abnimmt – wenngleich es auf hohem Niveau bleibt. Zu den Gründen gehört das hohe Tempo des wirtschaftlichen, technologischen und sozialen Wandels. Das erschwert die Kalkulierbarkeit der Lebensführung und verängstigt insbesondere gesellschaftlich schwächere Gruppen. Umbau- und Rückbaumaßnahmen der Sozialpolitik wirken ebenfalls mit. Sie sind für das Publikum besonders sichtbar und werden nicht nur von den Betroffenen meist als Benachteiligung wahrgenommen. Weil sozialstaatliche Umbau- und Rückbaumaßnahmen im Parteienwettbewerb und in den Medien oft dramatisiert und skandalisiert werden, neigen die Betroffenen und viele Nichtbetroffene dazu, die Reformen scharf zu verurteilen. Auch wenn sie dem Problemdruck nach geboten sind, werden solche Reformen oft als nicht akzeptabel wahrgenommen, als eine «Politik der Zumutungen», die mit der liebgewonnenen «Politik des Verteilens» verglichen und für nicht hinnehmbar befunden wird.[26]

Bilanz

Der Sozialstaat verkörpert die bislang mächtigste und folgenreichste Rückwirkung des politischen «Überbaus» auf die ökonomische und gesellschaftliche «Basis». Das Ergebnis dieser Rückwirkung ist nicht länger ein marktliberaler Kapitalismus, der den politischen «Überbau» steuert, sondern ein sozialstaatlicher Kapitalismus, der in die ökonomische «Basis» regulierend eingreift und die selbstzerstörerischen Tendenzen einer ungezügelten Marktwirtschaft unterbindet. Die Wirkungen und Nebenwirkungen dieses epochalen Wandels sind vielfältig und stark. Nicht wenige von ihnen stützen, wie zuvor gezeigt, die These vom Sozialstaat als Stabilisierungsfaktor und Problemlöser. Allerdings ist der Sozialstaat nicht nur ein Problemlöser, nicht nur ein Produktivfaktor und nicht nur eine Erfolgsgeschichte. Der Sozialstaat löst Probleme, aber er kann auch neue erzeugen. Er darf sich einer beachtlichen Produktivkraft rühmen, doch sind ihm Unproduktives, Leerlauf und erstickende Bürokratisierung nicht fremd. Schließlich ist er in mancherlei Hinsicht eine Erfolgsgeschichte, doch kennt er auch Misserfolge, wie hohe Arbeitslosigkeit, und schwere Nebenwirkungen, große Finanzierungsprobleme beispielsweise, die sein unablässiges Streben nach sozialem Ausgleich überschatten.

Anmerkungen

I. Einführung

1 Hans F. Zacher: Grundlagen der Sozialpolitik in der Bundesrepublik Deutschland, in: Bundesministerium für Arbeit und Sozialordnung (BMA), Bundesarchiv (Hg.), Grundlagen der Sozialpolitik. Geschichte der Sozialpolitik in Deutschland seit 1945, Bd. 1, Baden-Baden 2001, S. 333–684, Zitat S. 474. Die in diesem Buch getroffene Begriffswahl basiert auf dem sozialwissenschaftlichen Verständnis des ursprünglich verfassungsrechtlichen Sozialstaatsbegriffs (Franz-Xaver Kaufmann: Der Begriff Sozialpolitik und seine wissenschaftliche Deutung, in: BMA; Bundesarchiv (Hg.), Grundlagen, S. 3–101). Im sozialwissenschaftlichen Sprachgebrauch werden «Sozialstaat» und «Wohlfahrtsstaat» (abgeleitet vom englischen Wort «welfare state») oft bedeutungsgleich verwendet. In diesem Buch bekommt der «Sozialstaat» Vorfahrt, weil er in der politischen und der wissenschaftlichen Sprache in Deutschland begrifflich die gängigere Münze geblieben ist. Allerdings wird der Begriff nicht einheitlich verwendet. Im engeren Sinn meint «Sozialstaat» die Systeme der sozialen Sicherung. In weiten Bedeutungsvarianten steht «Sozialstaat» für den Großteil der öffentlichen Daseinsvorsorge einschließlich der Arbeitsweltregulierung, der Bildungspolitik und der Selbstverwaltung in Staat und Gesellschaft. In diesem Buch wird die mittlere Variante des Sozialstaatsbegriffs im Sinne der einleitend erwähnten Kurzdefinition gewählt. Diese Begriffsvariante ist, dem Forschungsstand und der Verfügbarkeit historisch und international vergleichbarer Daten nach zu urteilen, wissenschaftlich am besten fundiert. Der Sozialstaatsbegriff wird in diesem Buch weltanschauungsneutral verwendet. Er kann freiheitlich-demokratisch beschaffen sein, wie in der Bundesrepublik Deutschland, oder autokratisch, wie in der DDR (siehe Kapitel 3 und 4). In der freiheitlich-demokratischen Variante sind Staat, Verbände, Betriebe und Private seine Hauptträger, in der autokratischen Variante sind es die Staatspartei, der Staatsapparat, die Staatsgewerkschaft und die in die Planwirtschaft eingebundenen weisungsabhängigen Betriebe.

II. Sozialpolitik in Deutschland von den Anfängen bis 1949

1 Stenographische Berichte über die Verhandlungen des Reichstages, V. Legislaturperiode, I. Session 1881/1882, Eröffnungssitzung, 17.11.1881, S. 1–3.

2 Thomas Nipperdey: Deutsche Geschichte 1866–1918. Bd I. Arbeitswelt und Bürgergeist, München 1990, S. 342.

3 Hans-Ulrich Wehler: Deutsche Gesellschaftsgeschichte. Bd. 3: Von der «Deutschen Doppelrevolution» bis zum Beginn des Ersten Weltkrieges: 1849–1914, München 1995, S. 913.
4 Nipperdey, Deutsche Geschichte 1866–1918, Bd. I, S. 342.
5 Wehler, Deutsche Gesellschaftsgeschichte. Bd. 3, S. 1255.
6 Ernst Forsthoff (Hg.): Lorenz von Stein: Gesellschaft, Staat und Recht, Frankfurt a. M. 1972.
7 Volker Berghahn: Das Kaiserreich 1871–1914 (Gebhardt – Handbuch der Deutschen Geschichte, Bd. 16), Stuttgart 2003, S. 368.
8 Hans Rosenberg: Große Depression und Bismarckzeit. Wirtschaftsablauf, Gesellschaft und Politik in Mitteleuropa, Frankfurt a. M. 1976, S. 195.
9 Mit Bezugnahme auf Hans Rosenberg Michael Stolleis: Der deutsche Sozialstaat – eine «kollektive Massenbestechung»?, in: Patrick Bahners, Alexander Cammann (Hg.), Bundesrepublik und DDR. Die Debatte um Hans-Ulrich Wehlers «Deutsche Gesellschaftsgeschichte», München 2009, S. 150–151.
10 Nipperdey, Deutsche Geschichte 1866–1918, Bd. I, S. 338.
11 Ralf Dahrendorf: Gesellschaft und Demokratie in Deutschland, München 1971 (E. A. 1965), S. 68 f.
12 Rosenberg, Bismarckzeit, S. 217.
13 Werner Abelshauser: Einleitung, in: ders. (Hg.), Die Weimarer Republik als Wohlfahrtsstaat, Wiesbaden, S. 1–31, Zitat S. 15.
14 Abelshauser, Einleitung, S. 15 f.
15 Berechnet nach Peter Flora, Jens Alber, Richard Eichenberg et al.: State, Economy and Society in Europe 1815–1975. A Data Handbook in two Volumes, Bd. 1: The Growth of Mass Democracies and Welfare States, Frankfurt a. M.-London/Chicago 1983, S. 460 f.; Jens Alber: Vom Armenhaus zum Wohlfahrtsstaat. Analysen zur Entwicklung der Sozialversicherung in Westeuropa, Frankfurt a. M. 1982.
16 Berechnungsbasis Angus Maddison: The World Economy – Historical Statistics, Paris 2003, S. 60 ff.
17 Gerd Hohorst, Jürgen Kocka, Gerhard A. Ritter: Sozialgeschichtliches Arbeitsbuch. Materialien zur Statistik des Kaiserreichs 1870–1914, München 1975, S. 24; Dietmar Petzina, Werner Abelshauser, Anselm Faust: Sozialgeschichtliches Arbeitsbuch III. Materialien zur Statistik des Deutschen Reiches 1914–1945, München 1978, S. 28.
18 Heinrich August Winkler: Weimar 1918–1933. Die Geschichte der ersten deutschen Demokratie, München [2]1994, S. 295.
19 Ludwig Preller: Sozialpolitik in der Weimarer Republik, Kronberg/Düsseldorf 1978, S. 497.
20 Detlev J. K. Peukert: Die Weimarer Republik. Krisenjahre der Klassischen Moderne, Frankfurt a. M. 1987, S. 134.
21 Peukert, Weimarer Republik, S. 147.
22 Alle Zitate aus Volker Hentschel: Die Sozialpolitik in der Weimarer Republik, in: Karl Dietrich Bracher, Manfred Funke, Hans-Adolf Jacobsen

(Hg.), Die Weimarer Republik 1918–1933. Politik – Wirtschaft – Gesellschaft, Düsseldorf 1987, S. 197–217, Zitat S. 210.

23 Ursula Büttner: Weimar. Die überforderte Republik 1918–1933, in: Gebhardt – Handbuch der Deutschen Geschichte, Bd. 18, Stuttgart 2010, S. 173–767, Zitat S. 589.

24 Gerhard A. Ritter: Der Sozialstaat. Entstehung und Entwicklung im internationalen Vergleich, München [3]2010, S. 114 f.

25 Werner Abelshauser: Freiheitlicher Korporatismus im Kaiserreich und in der Weimarer Republik, in: Abelshauser, Weimarer Republik, S. 147–170, Zitat S. 163.

26 Karl Christian Führer: Arbeitslosigkeit und die Entstehung der Arbeitslosenversicherung in Deutschland 1902–1927, Berlin 1990, S. 20.

27 Zahl der Arbeitslosen in Prozent der abhängigen Erwerbspersonen, Bundesarbeitsblatt Heft 7–8 (1997), S. 110 f.

28 Preller, Sozialpolitik, S. 388.

29 Knut Borchardt: Zwangslagen und Handlungsspielräume in der großen Wirtschaftskrise der frühen dreißiger Jahre: Zur Revision des überlieferten Geschichtsbildes, in: Michael Stürmer (Hg.), Die Weimarer Republik, Königstein/Taunus 1980, S. 318–339, hier S. 330 ff.

30 So die Kundgebung der Reichsregierung von Papen am 4. Juni 1932, zitiert nach Gerhard A. Ritter: Entstehung und Entwicklung des Sozialstaates in vergleichender Perspektive, in: Historische Zeitschrift 243 (1986), S. 1–90, Zitat S. 5.

31 Wehler, Deutsche Gesellschaftsgeschichte. Bd. 3, S. 259.

32 Büttner, Weimar, S. 680.

33 Volker Hentschel: Geschichte der Sozialpolitik in Deutschland 1880–1980, Frankfurt a. M. 1983, S. 135.

34 Hentschel, Weimarer Republik, S. 217.

35 Norbert Frei: Der Führerstaat, München [7]2002.

36 Wehler, Deutsche Gesellschaftsgeschichte. Bd. 3, S. 512.

37 Ian Kershaw: Das Ende. Kampf bis in den Untergang – NS-Deutschland 1944/45, München 2011.

38 Heinz Lampert, Jörg Althammer: Lehrbuch der Sozialpolitik, Berlin/Heidelberg [8]2007, S. 100.

39 Vgl. Karl Teppe: Zur Sozialpolitik des Dritten Reiches am Beispiel der Sozialversicherung, in: Archiv für Sozialgeschichte 17 (1977), S. 194–250.

40 Ronald Smelser: Hitlers Mann an der «Arbeitsfront»: Robert Ley, Paderborn 1989, S. 4.

41 Michael Stolleis: Geschichte des Sozialrechts in Deutschland, Stuttgart 2003, S. 184.

42 Datenbasis: Lampert, Althammer, Sozialpolitik, S. 99 f.

43 Detlev Zöllner: Ein Jahrhundert Sozialversicherung in Deutschland, Berlin 1981, S. 83. Staatsquote meint hier den Anteil der Staatsausgaben am Volkseinkommen.

44 Christoph Sachße, Florian Tennstedt: Der Wohlfahrtsstaat im Nationalsozialismus, Stuttgart u. a. 1992.
45 Sachße, Tennstedt, Nationalsozialismus, S. 274.
46 Hans Günter Hockerts: Einleitung, in: ders. (Hg.), Drei Wege deutscher Sozialstaatlichkeit: NS-Diktatur, Bundesrepublik und DDR im Vergleich, München 1998, S. 7–26, Zitat S. 16.
47 Theodor Bühler: Deutsche Sozialwirtschaft, Stuttgart/Berlin ^{2}1943, S. 19.
48 Beide Zitate aus Hockerts, Einleitung, S. 16.
49 M. Rainer Lepsius: Soziale Ungleichheit und Klassenstrukturen in der Bundesrepublik Deutschland, in: Hans-Ulrich Wehler (Hg.), Klassen in der europäischen Sozialgeschichte, Göttingen 1979, S. 166–209, S. 179 ff.
50 M. Rainer Lepsius: The Model of Charismatic Leadership and its Applicability to the Rule of Adolf Hitler, in: Totalitarian Movements and Political Religions 7 (2006), S. 175–190.
51 Lepsius, Charismatic Leadership; Hans-Ulrich Wehler: Der Nationalsozialismus. Bewegung, Führerherrschaft, Verbrechen, 1919–1945, München 2009.
52 Hans F. Zacher: Einschluss, Ausschluss und Öffnung im Wandel, in: Zeitschrift für Sozialreform 55 (2009), S. 25–40, Zitat S. 28.
53 Zahlen nach Hans-Günter Hockerts: Integration der Gesellschaft: Gründungskrise und Sozialpolitik in der frühen Bundesrepublik, in: Zeitschrift für Sozialreform 32 (1986), S. 25–40; Hans-Ulrich Wehler: Deutsche Gesellschaftsgeschichte. Bd. 4: Vom Beginn des Ersten Weltkriegs bis zur Gründung der beiden deutschen Staaten 1914–1949, München 2003, S. 943 ff.
54 Im Sinne einer Gesellschaft, in der die Kriegführung und die Nachkriegswirren Räume zerstört, Zeitstrukturen zersetzt und Normen aufgelöst hatten. Christoph Sachße, Florian Tennstedt: Geschichte der Armenfürsorge in Deutschland. Bd. 4: Fürsorge und Wohlfahrtspflege in der Nachkriegszeit 1945–1953, Stuttgart 2012, S. 21 ff.
55 Udo Wengst (Hg.): 1945–1949. Die Zeit der Besatzungszonen. Sozialpolitik zwischen Kriegsende und der Gründung zweier deutscher Staaten (Geschichte der Sozialpolitik in Deutschland seit 1945, hg. v. BMA, Bundesarchiv, Bd. 2), Baden-Baden 2001.
56 Maddison, Historical Statistics, S. 96.

III. Der Sozialstaat der Bundesrepublik Deutschland

1 Beide Zitate aus Edgar Wolfrum: Die geglückte Demokratie. Geschichte der Bundesrepublik Deutschland von ihren Anfängen bis zur Gegenwart, Stuttgart 2006, S. 426.
2 Bundesministerium für Arbeit und Soziales (BMAS) (Hg.): Übersicht über das Sozialrecht, Nürnberg 2012, S. 1145 ff.
3 Richard Hauser: Alternativen einer Grundsicherung – soziale und ökonomische Aspekte, in: Gesellschaft – Wirtschaft – Politik 55 (2006), S. 331–348.

4 Basis der Schätzung und der nachfolgenden Zahlen: BMAS, Sozialrecht; BMAS (Hg.): Die Rentenbestände in der gesetzlichen Rentenversicherung in der Bundesrepublik Deutschland, Bonn 2012, S. 17 ff., 247; BMA (Hg.): Statistisches Taschenbuch 1950 bis 1990. Arbeits- und Sozialstatistik, Bonn 1992; Statistisches Bundesamt (Hg.): Statistisches Jahrbuch 2011. Für die Bundesrepublik Deutschland mit «Internationalen Übersichten», Wiesbaden 2011, S. 207 ff., 600; Statistisches Bundesamt u. a. (Hg.): Datenreport 2011. Ein Sozialbericht für die Bundesrepublik Deutschland, Wiesbaden 2011, S. 263 f.

5 Die Zahl der Rentner liegt aufgrund von Doppel- oder Mehrfachrenten unter der Zahl der Renten. 2009 betrug sie 20,41 Millionen (BMAS, Sozialrecht, S. 305 ff.) und Mitte 2011 20,53 Millionen. 4,0 Millionen von ihnen bezogen neben der Witwen- oder Witwerrente gleichzeitig eine weitere Rente der gesetzlichen Rentenversicherung, 16,49 Millionen erhielten nur eine Rente (BMAS, Rentenbestände, S. 247).

6 BMAS: Sozialbudget 2010, Bonn 2011, S 5, 7, 8; BMAS, Sozialrecht.

7 Ritter, Sozialstaat, S. 192.

8 BMAS, Sozialrecht, S. 1148 ff.; BMAS, Sozialbudget 2010, S. 5, 8.

9 Berechnet auf der Basis von Arnold Knigge: The Voluntary Welfare Associations in Germany. An Overview, Bremen: Zentrum für Sozialpolitik, ZeS-Arbeitspapier 03/2009.

10 Gøsta Esping-Andersen: The Three Worlds of Welfare Capitalism, Cambridge 1990.

11 Siehe Kapitel 8.

12 Vgl. Hans Günter Hockerts: Der deutsche Sozialstaat. Entfaltung und Gefährdung seit 1945, Göttingen 2011; Danielle Venn: Legislation, collective bargaining and enforcement: Updating the OECD employment protection indicators, Paris 2009.

13 Bruno Palier (Hg.): A Long Goodbye to Bismarck? The Politics of Welfare Reform in Continental Europe, Amsterdam 2010.

14 Michael Ruck, Marcel Boldorf (Hg.): Bundesrepublik Deutschland 1957–1966. Sozialpolitik im Zeichen des erreichten Wohlstands (Geschichte der Sozialpolitik in Deutschland seit 1945, hg. v. BMAS, Bundesarchiv, Bd. 4), Baden-Baden 2008; Hans Günter Hockerts (Hg.): Bundesrepublik Deutschland 1966–1974. Eine Zeit vielfältigen Aufbruchs (Geschichte der Sozialpolitik in Deutschland seit 1945, hg. v. BMAS, Bundesarchiv, Bd. 5), Baden-Baden 2007.

15 Burkart Lutz: Der kurze Traum immerwährender Prosperität, Frankfurt a. M. 1984.

16 Ritter, Sozialstaat, S. 272.

17 Gerhard A. Ritter: Der Preis der deutschen Einheit. Die Wiedervereinigung und die Krise des Sozialstaats, München ²2007.

18 Eckard Conze: Die Suche nach Sicherheit: Eine Geschichte der Bundesrepublik Deutschland von 1949 bis in die Gegenwart, Berlin 2009, S. 926 ff.

19 Rosenberg, Bismarckzeit, S. 217.

20 Hans F. Zacher: Das soziale Staatsziel, in: Josef Isensee, Paul Kirchhof (Hg.), Handbuch des Staatsrechts der Bundesrepublik Deutschland, Bd. 2, Heidelberg ³2004, S. 659–784.

21 «Medianwähler» ist ein Fachausdruck der Ökonomischen Theorie der Politik für den am Median eines politisch-ideologischen Spektrums platzierten Abstimmenden. Liegt eine eingipflige Verteilung der Wählerpräferenzen (z. B. auf einer Links-rechts-Achse) vor, entscheidet, dieser Theorie zufolge, die Präferenz des Medianwählers darüber, welche Abstimmungsalternative die Mehrheit erhält.

IV. Der Fall der «sozialistischen Sozialpolitik»: die DDR (1949–1990)

1 Manfred G. Schmidt: Social Policy in the German Democratic Republic, in: Manfred G. Schmidt, Gerhard A. Ritter, The Rise and Fall of a Socialist Welfare State, Berlin-Heidelberg 2012 (i. E.).

2 János Kornai: The Soft Budget Constraint, in: Kyklos 39 (1986), S. 3–30.

3 Hinzu kam der Sonderfall, den die Betriebe der – für den Uranerzabbau zuständigen – sowjetisch-deutschen Aktiengesellschaft WISMUT verkörperten. Zur WISMUT gehörten eine eigene Sozialversicherung und ein eigenes Gesundheitswesen, die direkt aus dem Staatshaushalt der DDR und dem der Sowjetunion finanziert wurden.

4 Zitiert nach Gunnar Winkler (Hg.): Geschichte der Sozialpolitik der DDR 1945–1985, Berlin (Ost) 1989, S. 232.

5 Schlußbericht der Enquete-Kommission 10.6.1998, in: Materialien der Enquete-Kommission «Überwindung der Folgen der SED-Diktatur im Prozeß der deutschen Einheit» (13. Wahlperiode des Deutschen Bundestages), hg. vom Deutschen Bundestag, Bd. I, Frankfurt a. M. 1999, S. 142–803, S. 538.

6 Er lautete: «Auferstanden aus Ruinen und der Zukunft zugewandt, laß' uns dir zum Guten dienen, Deutschland, einig Vaterland.»

7 Gerhard Schürer: Gewagt und verloren. Eine deutsche Biographie, Berlin ⁴1998, S. 77.

8 Manfred G. Schmidt: Sozialpolitik der DDR, Wiesbaden 2004, S. 131 ff.

9 Dierk Hoffmann, Michael Schwartz: Gesamtbetrachtung, in: dies. (Hg.), Deutsche Demokratische Republik 1949–1961. Im Zeichen des Aufbaus des Sozialismus, (Geschichte der Sozialpolitik in Deutschland seit 1945, hg. v. BMAS, Bundesarchiv, Bd. 8), Baden-Baden 2004, S. 799–830, hier S. 804 ff.

10 Hoffmann, Schwartz, Gesamtbetrachtung, S. 817 ff.

11 Hans Günter Hockerts: Anspruch und Wirklichkeit der Arbeits- und Sozialpolitik in der DDR, in: Materialien der Enquete-Kommission «Überwindung der Folgen der SED-Diktatur im Prozeß der deutschen Einheit», Bd. III/1. Wirtschafts-, Sozial- und Umweltpolitik, Frankfurt a. M. 1999, S. 544–549, Zitat S. 544.

12 M. Rainer Lepsius: Die Institutionenordnung als Rahmenbedingung der

Sozialgeschichte der DDR, in: Hartmut Kaelble, Jürgen Kocka, Hartmut Zwahr (Hg.), Sozialgeschichte der DDR, Stuttgart 1994, S. 17–30, Zitat S. 24.

13 Die Formulierung stammt von Gerhard Schürer. Sie gebe Honeckers Meinung wieder (André Steiner: Preisgestaltung, in: Christoph Boyer, Klaus-Dieter Henke, Peter Skyba: Deutsche Demokratische Republik 1971–1989. Bewegung in der Sozialpolitik, Erstarrung und Niedergang, (Geschichte der Sozialpolitik in Deutschland seit 1945, hg. v. BMAS, Bundesarchiv, Bd. 10), Baden-Baden, 2008, S. 304–324, Zitat S. 318 f.).

14 Schürers Krisen-Analyse 1992: Schürers Krisen-Analyse. Vorlage für das Politbüro des Zentralkomitees der SED v. 30. Oktober 1989, in: Deutschland Archiv 25, S. 1112–1120, Zitat S. 1114.

15 Ebd., S. 1119.

16 Honecker im Politbüro am 24. März 1971, zitiert nach Steiner, Preisgestaltung, S. 306.

17 Michael F. Schulz: Die DDR 1949–1990, in: Gebhardt – Handbuch der Deutschen Geschichte, Bd. 12, Stuttgart 2009, S. 225–556, Zitat S. 508.

V. Deutschlands Sozialstaat im internationalen Vergleich

1 Manfred G. Schmidt: Sozialpolitik in Deutschland. Historische Entwicklung und internationaler Vergleich, Wiesbaden ^{3}2005, S. 182; Stein Kuhnle, Anne Sander: The Emergence of the Western Welfare State, in: Castles u.a. (Hg.): Oxford Handbook, S. 61–80.

2 Alber, Armenhaus; Schmidt, Sozialpolitik, Teil II.

3 Vgl. Castles u. a., Oxford Handbook; Manfred G. Schmidt: Wirklich nur Mittelmaß? Deutschlands Sozialstaat im Spiegel neuer international vergleichender Daten, Heidelberg (Manuskript) 2012.

4 Datenstand 2007, OECD.StatExtracts, Abruf 15.12.2011. Die OECD-Statistik der öffentlichen Bruttosozialausgaben weicht von der deutschen Sozialbudgetstatistik unter anderem ab, weil sie die gesetzlich vorgeschriebenen privaten Sozialleistungen und sozialpolitische Steuererleichterungen nicht berücksichtigt.

5 Willem Adema, Peter Fron, Maxime Ladaique: Is the European Welfare State Really More Expensive? Indicators on Social Spending, 1980–2012; and a Manual to the OECD Social Expenditure Database (SOCX), Paris 2011, Tabelle I.4.

6 Herbert Obinger, Uwe Wagschal: Social Expenditure and Revenues, in: Castles u. a. (Hg.), Oxford Handbook, S. 333–352, hier S. 346 f.

7 Irene Dingeldey: Der aktivierende Wohlfahrtsstaat. Governance der Arbeitsmarktpolitik in Dänemark, Großbritannien und Deutschland, Frankfurt a. M. 2011.

8 Schmidt: Sozialpolitik, S. 111, 146, 149, 172, 220.

9 Conze, Suche nach Sicherheit.

10 Franz-Xaver Kaufmann: Varianten des Wohlfahrtsstaats. Der deutsche Sozialstaat im internationalen Vergleich, Frankfurt a. M., 2003.

11 Castles et al. (Hg.), Oxford Handbook, Kapitel 24–32; Lyle Scruggs: The generosity of social insurance, 1971–2002, in: Oxford Review of Economic Policy 22 (2006), S. 349–364; Lyle Scruggs, James Allan: Social Stratification and Welfare Regimes for the Twenty-first Century: Revisiting The Three Worlds of Welfare Capitalism, in: World Politics 60 (2008), S. 642–664; Peter Starke, Herbert Obinger, Francis G. Castles: Convergence to where: in what ways, if any, are welfare states becoming similar?, in: Journal of European Public Policy 15 (2008), S. 975–1000.

12 Jens Alber: What the European and American welfare states have in common and where they differ: facts and fiction in comparison of the European Social Model and the United States, in: Journal of European Social Policy 20 (2010), S. 102–125. Allerdings gilt Albers Befund für 2006 – das Jahr vor dem Beginn der Finanzmarktkrise, die in den USA einen erheblichen Teil der kapitalgedeckten Alterssicherung ruinierte. Zudem erfasst er weder die durchschnittlich höheren Pensionen der Beamten und Soldaten noch die Leistungen der betrieblichen Altersvorsorge und der Zusatzversicherungssysteme für Angestellte des öffentlichen Dienstes in Deutschland.

13 Karl Hinrichs, Julia F. Lynch: Old-Age pensions, in: Castles et al. (Hg.), Oxford Handbook, S. 353–366, hier S. 358.

14 Venn, OECD employment protection indicators, S. 8 ff.

15 Der Neue Fischer Weltalmanach 2012, Frankfurt a. M. 2011, S. 546 ff.

16 Regierungserklärung vom 24. April 1986 (Stenographisches Protokoll des Deutscher Bundestages, 10. Wahlperiode, 213. Sitzung, 24.4.1986, Bd. 137, S. 16322D).

17 Dies geschieht in Weiterführung von Kapitel 3 und auf der Basis von Befunden des internationalen Vergleichs, vgl. Manfred G. Schmidt, Tobias Ostheim, Nico A. Siegel, Reimut Zohlnhöfer (Hg.): Der Wohlfahrtsstaat. Eine Einführung in den historischen und internationalen Vergleich, Wiesbaden 2007; Castles et al. (Hg.), Oxford Handbook, Kapitel 11–22 und 38.

VI. Der Sozialstaat in einer Ära der Globalisierung und Europäisierung

1 Jens Beckert, Wolfgang Streeck: Die Fiskalkrise und die Einheit Europas, in: Aus Politik und Zeitgeschichte 62 (2012), Nr. 4, S. 7–17; Venn, Legislation, collective bargaining and enforcement.

2 Duane Swank: Globalization, in: Castles et al. (Hg.), Oxford Handbook, S. 318–332; zum ausbleibenden «Wettlauf nach unten» für andere Herbert Obinger, Peter Starke, Julia Moser u. a.: Transformations of the Welfare State. Small States, Big Lessons, Oxford 2010.

3 Ritter, Sozialstaat, S. 256.

4 Vgl. Kapitel 3 und 7.

5 Siehe Kapitel 7.

6 Vgl. Francis G. Castles (Hg.): The Disappearing State? Retrenchment Realities in an Age of Globalisation, Cheltenham-Northampton, MA 2007.

7 Vgl. Beckert, Streeck, Fiskalkrise, S. 10.
8 European Commission: EU Budget 2010. Financial Report, Luxemburg 2011, S. 72; Europäische Kommission: EU-Haushalt 2011. Finanzbericht, Luxemburg 2011; Amtsblatt der Europäischen Union, Mitteilung 2010/C308/01 und Mitteilung 2011/C332/01.
9 Martin Höpner, Armin Schäfer: Eine neue Phase der europäischen Integration: Legitimitätsdefizite europäischer Liberalisierungspolitik, in: dies. (Hg.): Die Politische Ökonomie der europäischen Integration, Frankfurt a. M./New York 2008, S. 129–156, Zitat S. 134.
10 Höpner, Schäfer, Integration, S. 129.
11 Vgl. Stephan Leibfried: Social Policy. Left to the Judges and the Markets?, in: Helen Wallace, Mark Pollack, Alasdair R. Young (Hg.), Policymaking in the European Union, Oxford [6]2010, S. 253–281.
12 Bernd Schulte: Die Entwicklung der Sozialpolitik der Europäischen Union und ihr Beitrag zur Konstituierung des europäischen Sozialmodells, in: Hartmut Kaelble, Günther Schmid (Hg.): Das europäische Sozialmodell. Auf dem Weg zum transnationalen Sozialstaat, Berlin 2004, S. 75–106, Zitat S. 100.

VII. Sozialstaatsreformen in schwierigen Zeiten

1 Hans Apel, Bundesfinanzminister 1974–1978, bei der Vorlage des Bundeshaushaltes 1975 im September 1974, zitiert nach Hans Günter Hockerts, Winfried Süß: Gesamtbetrachtung: Die sozialpolitische Bilanz der Reformära, in: Hockerts (Hg.): Bundesrepublik Deutschland 1966–1974, S. 943–962, Zitat S. 955.
2 Statistisches Bundesamt u. a. (Hg.), Datenreport 2011, S. 23.
3 Datenstand 2011, OECD: OECD Economic Outlook 90, Paris 2011, S. 253.
4 Ritter, Der Preis der deutschen Einheit.
5 Norbert Blüm: Wir sind auf dem Weg in eine therapeutische Gesellschaft, in: Die Welt 1.4.1989, S. 4.
6 BMA (Hg.): Blüm, Norbert: 10 Jahre Bundesarbeitsminister – 4. Oktober 1992, Bonn 1992, S. 173.
7 Blüm: Weg in eine therapeutische Gesellschaft, S. 4.
8 Paul Pierson: Dismantling the Welfare State? Reagan, Thatcher, and the Politics of Retrenchment, Cambridge; Paul Pierson (Hg.): The New Politics of the Welfare State, Oxford 2001.
9 Ralf Dahrendorf (Hg.): Trendwende – Europas Wirtschaft in der Krise, München/Wien/Zürich 1977.
10 Zur Sozialpolitik dieser Koalition Manfred G. Schmidt (Hg.): Bundesrepublik Deutschland 1982–1989. Finanzielle Konsolidierung und institutionelle Reform (Geschichte der Sozialpolitik in Deutschland seit 1945, hg. v. Bundesministerium für Gesundheit und Soziale Sicherung, Bundesarchiv, Bd. 7), Baden-Baden 2005.
11 BMA (Hg.): Statistische Übersichten zur Geschichte der Sozialpolitik in

Deutschland seit 1945 – Band West. Verfasser Hermann Berié, Bonn, 1999, S. 24.

12 Vgl. Klaus Armingeon, Nathalie Giger: Conditional Punishment: A Comparative Analysis of the Electoral Consequences of Welfare State Retrenchment in OECD Nations, 1980–2003, in: West European Politics 31 (2009), S. 558–580; Pierson, New Politics; Schmidt (Hg.), Bundesrepublik Deutschland 1982–1989.

13 Zitiert nach Klaus Bölling: Die letzten 30 Tage des Kanzlers Helmut Schmidt. Ein Tagebuch, Reinbek bei Hamburg 1982, S. 114 f.

14 Hans-Dieter Klingemann u. a.: Parties, Policies, and Democracy, Boulder u. a. 1994.

15 Joe Wallis: Conspiracy and The Policy Process: A Case Study of the New Zealand Experiment, in: Journal of Public Policy 17 (1997), S. 1–30.

16 Uwe Wagschal (Hg.): Deutschland zwischen Reformstau und Veränderung. Ein Vergleich der Politik- und Handlungsfelder, Baden-Baden 2009.

17 OECD: Pension at a Glance 2007. Public Policies among OECD Countries, Paris 2007; OECD: Pension at a Glance 2009. Retirement-Systems in OECD Countries, Paris 2009. In die gleiche Richtung weisen Ellen M. Immergut, Karen Anderson, Isabelle Schulze (Hg.): The Handbook of West European Pension Politics, Oxford 2007.

18 Paul Pierson: The Welfare State over the Very Long Run, Bremen: Zentrum für Sozialpolitik, ZeS-Arbeitspapier 02/2011, S. 16.

VIII. Wirkungen des Sozialstaats auf Politik, Gesellschaft und Wirtschaft

1 «Deutschland ist ein verlässlicher Sozialstaat», heißt es im Vorwort der Bundesarbeitsministerin Ursula von Leyen zu BMAS, Sozialrecht.

2 BMAS, Sozialrecht, S. 2.

3 BMAS, Sozialbericht 2009, Bonn, 2009, S. 3.

4 Dies ist die aktualisierte Fassung von Schmidt, Sozialpolitik, Teil III.

5 Lebenslagen in Deutschland. Der 3. Armuts- und Reichtumsbericht der Bundesregierung, Berlin 2005, S. XII und 328. Die Armutsrisikoschwelle liegt in diesem Fall bei 60 Prozent des mittleren Nettoäquivalenzeinkommens.

6 Die Einkommen in Deutschland sind – gemessen an der Primärverteilung – überdurchschnittlich ungleich verteilt, ähnlich ungleich wie in den USA (Andrea Brandolini, Timothy M. Smeeding: Income Inequality in Richer and OECD Countries, in: Wiemer Salverda, Brian Nolan, Timothy M. Smeeding (Hg.): The Oxford Handbook of Economic Inequality, Oxford 2009, S. 71–99, S. 93).

7 Vgl. Brandolini; Smeeding, Income Inequality, S. 92 ff.

8 Datenstand: 2009, OECD: OECD Economic Surveys: Chile 2012, Paris 2012, S. 12. Die Armutsschwelle liegt in dieser Datenbasis bei 50 Prozent des laufenden Medianeinkommens.

9 Den Begriff prägte Roland Czada: Der Kampf um die Finanzierung der

deutschen Einheit, in: Gerhard Lehmbruch (Hg.), Einigung und Zerfall. Deutschland und Europa nach dem Ende des Ost-West-Konflikts. 19. Wissenschaftlicher Kongreß der Deutschen Vereinigung für Politische Wissenschaft, Opladen 1995, S. 73–102, Zitat S. 95.

10 Lutz Leisering: Wohlfahrtsstaatliche Generationen, in: Martin Kohli, Marc Szydlik (Hg.), Generationen in Familie und Gesellschaft, Opladen 2000, S. 59–76.

11 Edeltraud Roller: Einstellungen der Bürger zum Wohlfahrtsstaat der Bundesrepublik Deutschland, Wiesbaden 1992; Oliver Nüchter, Roland Bieräugel, Wolfgang Glatzer, Alfons Schmidt: Der Sozialstaat im Urteil der Bevölkerung, Opladen-Farmington Hills 2010, S. 49 ff.

12 Nüchter u. a., Sozialstaat, S. 62.

13 Forschungsgruppe Wahlen: Politbarometer August 2011, S. 3.

14 Georg Vobruba (Hg.): Der wirtschaftliche Wert der Sozialpolitik, Berlin/New York 1989.

15 Peter H. Lindert: Growing Public. Social Spending and Economic Growth since the Eighteenth Century, Cambridge 2004, 2 Bde.

16 OECD: OECD Employment Outlook 2011, Paris 2011, S. 259.

17 Hans Achinger: Sozialpolitik als Gesellschaftspolitik, Hamburg 1958, S. 155.

18 Ebd., S. 150.

19 Eduard Heimann: Theorie der Sozialpolitik, Frankfurt a. M. 1980 (E. A. 1929), S. 167 f.

20 Wolfgang Streeck: Industrial Relations: From State Weakness as Strengths to State Weakness as Weakness. Welfare Corporatism and the Private Use of the Public Interest, in: Simon Green, William E. Paterson (Hg.), Governance in Contemporary Germany, Cambridge 2005, S. 138–164, Zitat S. 138.

21 Stolleis: Geschichte des Sozialrechts, S. 329.

22 Zacher, Grundlagen der Sozialpolitik.

23 Nüchter u. a., S. 76 f.

24 Nüchter u. a., S. 78.

25 Nüchter u. a., S. 72 f.

26 Die Formulierungen entstammen einem Diskussionsbeitrag von Oskar Niedermayer auf dem Kieler Kongress der Deutschen Vereinigung für Politische Wissenschaft 2009.

Hinweise zu weiterführender Literatur

Bundesministerium für Arbeit und Soziales (Hg.): *Übersicht über das Sozialrecht*, Nürnberg ^{9}2012.
Systematischer Überblick über die sozialrechtliche Dimension des deutschen Sozialstaats, Berichtsstand Anfang 2012.

Bundesministerium für Arbeit und Soziales (Hg.): *Übersicht über das Arbeitsrecht/Arbeitsschutzrecht*, Nürnberg 2012.
Systematischer Überblick über die arbeitsrechtliche Dimension des deutschen Sozialstaats, Berichtsstand Anfang 2012.

Bundesministerium für Arbeit und Soziales, Bundesarchiv (Hg.), *Geschichte der Sozialpolitik in Deutschland seit 1945*, 11 Bde., Baden-Baden 2001–2008.
Die umfassendste und tiefenschärfste Analyse der Sozialpolitik in den Jahren der Besatzung, in der DDR von 1949 bis 1990 und in der Bundesrepublik Deutschland von 1949 bis 1994. Den Bänden 2 bis 11 liegt jeweils eine CD-ROM bei, die die Dokumentation enthält.

Castles, Francis G.; Leibfried, Stephan; Lewis, Jane; Obinger, Herbert; Pierson, Christopher (Hg.): *The Oxford Handbook of the Welfare State*, Oxford 2010.
In 48 Kapiteln präsentierter Überblick über den Stand der international vergleichenden Sozialpolitikforschung.

Hockerts, Hans Günter: *Der deutsche Sozialstaat. Entfaltung und Gefährdung seit 1945*, Göttingen 2011.
Eine Sammlung von Maßstäbe setzenden Aufsätzen zur Sozialpolitik in der Bundesrepublik Deutschland und der DDR.

Leisering, Lutz (Hg.), *German Social Policy*, 5 Bde., Berlin/Heidelberg 2012 (i. E.). Aktualisierte englischsprachige Fassung von Beiträgen zur *Geschichte der Sozialpolitik in Deutschland seit 1945*.

Ritter, Gerhard A.: *Der Sozialstaat. Entstehung und Entwicklung im internationalen Vergleich*, München ^{3}2010.
Historisch und international vergleichende Studie eines führenden Vertreters der sozialhistorischen Sozialpolitikforschung.

Schmidt, Manfred G.; Ostheim, Tobias; Siegel, Nico A.; Zohlnhöfer, Reimut (Hg.) 2007: *Der Wohlfahrtsstaat. Eine Einführung in den historischen und internationalen Vergleich*, Wiesbaden.
Einführender Überblick über den historischen und den internationalen Vergleich sozialstaatlicher Politik.

Schmidt, Manfred G. und Ritter, Gerhard A. 2012 (i. E.): *The Rise and Fall of a Socialist Welfare State*, Berlin/Heidelberg.

Analyse des Aufstiegs, der Strukturen und des Niedergangs der DDR-Sozialpolitik vor und in dem Prozess der deutschen Einheit aus politikwissenschaftlicher und sozialhistorischer Perspektive.

Personenregister

Sachregister